En indsigt i rødderne af Kriminalitet

Vrede.

Følelsesmæssige behov og afsavn .

BEHOVET FOR AT VÆRE EN nogen.

Behovet for at blive nødvendig og ønskelig .

Forkroebling væksten af sympati.

Frygten for afvisning og forsvarsmuren.

Empati, sympati , bringe BLINKERS .

RESPEKT , gengældelse og identitet.

Nogle former for respekt og ikke andre.

Respekt og gengældelse : "NOT meget reel for dem selv ."

MORAL IDENTITET OG agentur.

DET selvfølelse : lavt og dybt .

Forkroebling væksten af MORAL IDENTITET : skyldfølelse og selvhad .

SELF -creation og manglende KONTROL: den gode side og det dårlige side.

SPØRGSMÅLET OM SIKKERHED .

Hvor langt er der psykologi , der kommer kendetegnende for asocial

Personality Disorder ?

Genoplive og pleje moralske og følelsesmæssige vækst.

Den betalte FRIENDS PROBLEM .

AFSPILNING Shakespeare in BROADMOOR .

NÅR inderst inde.

Aktører og målgruppe: at give noget tilbage .

Bekymre sig om inauthenticity .

Hjælpe folk FJERN skyklapper og gøre nogle revner i væggen.

KAPITEL I: sokratiske spørgsmål i BROADMOOR .

" Psykopater " er i det ekstreme. Værktøjet er mest anvendt til at diagnosticere

" Antisocial Personality Disorder " er en skala kaldet " Hare

Psykopati Tjekliste " , udtænkt af den canadiske psykolog Robert D.

Hare . Der er en cutoff score over hvor du får diagnosen

af Antisocial Personality Disorder. Og inden for denne diagnose, hvis du

nå meget høj score på 30 får du yderligere diagnose af

" Psykopati " . Noget ofte sagt om dem, kaldte psykopater ,

og i forlængelse heraf om de andre i den bredere kategori , er, at

de mangler en samvittighed .

Denne påstand er spændende. Er der virkelig folk, der helt mangler

en samvittighed? Hvis ja, hvordan kommer det om? Er de født med

mangler noget ? Eller gør noget ske med dem , der ødelægger

deres samvittighed ? Mest fundamentalt , hvad betyder det at sige, at

de " mangler en samvittighed" ?

Etik er stadig undervist

ved den metode, opfundet af Sokrates. Dette starter med at spørge folk om

deres overbevisninger om rigtigt og forkert, presse dem til at oplyse dem,

overbevisninger med maksimal klarhed og tydelighed . Så er de

udfordret til at forsvare deres synspunkter i lyset af counterexamples og

modsatrettede argument. Den studerende er skubbet ind i en rejse for

selv-udforskning , snarere end at blive afgivet " svar " af

lærer. Nogle elever , dem der tror bliver undervist bliver givet

oplysninger eller konklusioner, at tage væk, er uforstående over for dette og tvivl at de bliver undervist ordentligt. Hvorom alting er, læreren

lærer en masse om de studerende , især om meget forskellige

strukturer af moralsk overbevisning og stilarter af moralsk tænkning , at folk

have. Dette omfatter meget forskellige opfattelser af , hvad det er at være styret

af ens samvittighed .

At sige, at mennesker med antisocial personlighedsforstyrrelse mangler et

samvittighed kan betyde en eller flere af flere ting. Det kan betyde,

at de mangler nogen empati for andre mennesker : at de ikke kan forestille sig

hvordan andre mennesker føler. Eller det kan betyde, at de mangler sympati : at

de kan forestille sig de følelser af for eksempel dem, de gør ondt , men

ligeglad dem. Det kan betyde, at de ikke føler skyld . det

kunne være, at de mangler visse moralske begreber , såsom " grusomme "

"Urimelig ", " uærlige ", " rettigheder " eller " egoistisk " . Eller det kan betyde, at

de mangler en følelse af moralsk identitet: en opfattelse af den slags

person, de er , eller den slags person , de håber på at være sammen

med et sæt af værdier, vejledende , at undfangelse. Det syntes, at det

samvittighed eller mangel på samvittighed denne gruppe af mennesker var en

lovende område for efterforskning .

Dr. Gwen Adshead , en psykiater , der arbejder på Broadmoor Hospital, har

mange patienter med diagnosen af antisocial personlighedsforstyrrelse .

Hun og jeg fandt vi delte en interesse i deres moral eller mangel på samme,

og vi i fællesskab udtænkt et projekt for at undersøge disse spørgsmål i

nogle af dem i Broadmoor med denne diagnose .

Gwen Adshead gennemført en række interviews , i sidste ende er baseret på

Carol Gilligan idé om en " etik of care" , men tilpasset til en undersøgende værktøj er " Etik of Care Interview " , af Dr. Eva Skoe .

Kernen i dette er vurderingen af folks reaktioner på moralsk

dilemmaer præsenteres ved hjælp af korte historier.

Jeg brugte en række interviews for at forsøge at sonden folks moral og

værdier ved hjælp af spørgsmål baseret på dem, der anvendes til at undervise etik.

Dels i hyldest til opfinderen af den tilgang , men måske med et

strejf af arrogance jeg kaldte denne serie " den sokratiske

interviews " . Denne konto rapporter om disse " sokratiske " interviews. til

introducere dem, vil jeg sige lidt om antisocial personlighedsforstyrrelse

og derefter skitsere kort indholdet af interviewene og den vejledende

spørgsmål bag dem.

1. . Antisocial personlighedsforstyrrelse.

Som en psykiatrisk kategori , Personality Disorder er både vigtigt og

frustrerende. Der er forskellige personlighedsforstyrrelser. Lister varierer,

men de fleste omfatter narcissistisk personlighedsforstyrrelse , Schizoid

Personality Disorder , Borderline Personality Disorder og Antisocial

Personality Disorder. Definitioner af hver af disse har tendens til at være vage.

Typiske definitioner af den generelle kategori af " personlighedsforstyrrelse"

Se " dybt indgroet , utilpasset adfærdsmønstre,

forårsage nød til dem, der har dem eller andre. "(Kontroller og QUOTE

HER FRA DSM ELLER ICD).

Sådanne konti fange noget vigtigt , men de er fulde af

problemer . Ordet " utilpasset " lyder videnskabeligt , måske som en

Ideen stammer fra darwinistisk overlevelse. Men det har også en bekymrende

forslag af ikke passer godt med gældende sociale normer. på denne grundlag , på forskellige tidspunkter , er en dissident i Sovjetunionen , en

ateist i Saudi-Arabien eller kommunist i USA måske

kvalificere en person for at have en personlighedsforstyrrelse . " Utilpasset " , selv

i mere bogstavelig darwinistisk følelse af ikke at være befordrende for overlevelse

i et bestemt miljø , stadig kan indeholde for meget. dybt

indgroet tapperhed i en brandmand kan ikke være befordrende for overlevelse.

Og Sokrates havde dybt indgroet vane at stille spørgsmål,

urolige mennesker , en vane, som til sidst førte til hans død.

Sådanne definitioner klart indeholde for meget. Men det kan reflektere over

psykiatriens filosofiske kompetencer snarere end deres diagnostiske dem .

Der kan være noget i den påstand undertiden : " definitionen

kan være noget godt, men du genkende det , når du ser det. " Der synes

at være folk -ikke brandmandskab eller Socrates - hvis personlighed synes

rodet op til en så ekstrem grad, at det ødelægger deres

relationer og deres liv . De præsenterer vanskeligheder , der både

begrebsmæssig (dette tæller som en " forstyrrelse" at blive behandlet af

psykiatere ?) og praktiske (er der effektive måder at hjælpe dem

ændre?) .

Antisocial Personality Disorder , på den alvorlige ende , herunder

psykopati , er arving til en sammenfiltrede historie moralsk , juridisk og

psykiatriske begreber , herunder dem, der udmærker sig ved det nittende

århundrede udtrykket " moralsk vanvid ", og begyndelsen af det tyvende århundrede vilkår

" Forfatningsmæssig psykopatiske underlegenhed " og " sociopat " . (REFERENCE

AT Millon , Simonsen og Birket - Smith.) Den moderne opfattelse af en

psykopat har været stærkt påvirket af Harvey Cleckley , der var en

Professor i psykiatri ved University of Georgia Medical School Han

rapporterede om psykopater blandt sine patienter i The Mask of Sanity ,

et forsøg på at afklare nogle spørgsmål om den såkaldte Psykopatisk

Personlighed (udgivet første gang i 1941 , genudgivet med betydelig

revisioner i 1950 , med yderligere revisioner indtil posthum femte

udgave i 1988) .

Cleckleys fornemmelse (selvom han vidste, at han manglede beviser til støtte for det) var

at psykopater er født på den måde : " I stigende grad jeg er kommet til

mener, at nogle subtile og dybtgående defekt i den menneskelige organisme,

sandsynligvis medfødt , men ikke arvelig , spiller den ledende rolle i den

psykopat er forvirrende og spektakulære fiasko at opleve livet

normalt, og at bære på en karriere acceptabel for samfundet . " (REFERENCE

TO Cleckley , SIDE 403 .) Hans bog har to sider , en påvirkning

populære stereotyper og legender om psykopater , og den anden

påvirke psykiatrisk tænkning.

Cleckley havde mange af de fordomme i sin tid og sted. hans bog

omfatter angreb på moderne " eftergivenhed " , og om " intellektuelle og

esthetes "for deres smag af " hvad der generelt betragtes som pervers ,

nedslået eller distastefully uforståelig " . Hvad de kunne lide inkluderet

skrifter Gide (der " åbent insisterer på, at pæderasti er

overlegen og foretrække livsstil for unge drenge "), og Joyce

(" En samling af lærd volapyk skelnes for de fleste mennesker

fra den velkendte ord salat produceret af hebephrenic patienter på

sikkerhedskopiere menigheder i nogen stat hospital "). (Henvisning til Cleckley , side 7).

I sin beskrivelse af en af sine mandlige patienter, der havde oralsex med fire sorte mænd , Cleckley misbilligelse ikke fokusere på, om

mænds samtykke var ægte, men først og fremmest på sin patient valg af

samarbejdspartnere. Manden " ramt på begrebet optagning fire Negro mænd

der arbejdede i markerne ikke langt fra hans bopæl. I en lokalitet

hvor Ku Klux Klan (og dens velkendte holdninger) på det tidspunkt

haft en god portion popularitet , denne intelligente og i nogle

henseender skelnes ung mand viste ingen skrupler med at tage

fra marken disse uvaskede arbejdere , som han skjulte i ryggen

af en pickup truck , med ham ind i et velkendt sted for kælen

rendezvous ... Selv om han beklagede og sagde hans prank var ganske

en fejltagelse , han syntes helt blottet for enhver dyb forlegenhed. "

(Henvisning til Cleckley , SIDE 361).

Cleckley bidraget til at skabe eller forevige den populære stereotype billede af den

psykopat som ikke rigtig menneske, en satanisk monster gemmer sig bag

maske af tilregnelighed. Dette er "den udsøgt vildledende maske

psykopat " , der bruger ekstraordinær facilitet og charme at optræde som en

normal person . " Vi har her ikke med en komplet mand overhovedet, men

med noget, der tyder på en subtilt konstrueret refleks maskine, som

kan efterligne den menneskelige personlighed perfekt. Denne velfungerende

psykiske apparat gengiver konsekvent ikke kun eksemplarer af god

menneskelig ræsonnement , men også relevante simuleringer af normale menneskelige

følelser som reaktion på næsten alle de forskellige stimuli af livet. så

perfekt er reproduktion af en helhed, og normal mand, der ingen, der

undersøger ham i en klinisk indstilling kan påpege i videnskabelig eller

objektive vilkår , hvorfor eller hvordan , han er ikke rigtig ... Den psykopat , dog perfekt han efterligner mand teoretisk , det vil sige , når han taler

for sig selv i ord , ikke helt, når han bliver lagt i

praksis af faktiske levende . "(ISÆR Cleckley , Pages 369-370 OG

383).

Blandt psykiatere har Cleckley indflydelse ikke været omkring

monster bag masken , men kommer fra hans magtfulde beskrivelser af

adfærd af nogle af hans psykopatiske patienter.

En mindeværdig tilfælde var " Milt " , som var 19 , da han ankom på hospitalet.

Han havde gjort en masse asocial ting. Når kritiseret for dem , han

gjort charmerende undskyldninger, men aldrig syntes virkelig at værdsætte

alvoren af , hvad han havde gjort, og udøves på samme måde . én

hændelse var, da han kørte sin mor tilbage fra hospitalet efter

hendes større operation. Bilen blæste en fuse og brød i midten af

en meget lang bro. Med mørke falder, Milt sæt at gå til en

garage halv mil væk for at få en sikring. Han sagde, at han ville få en tur og

være tilbage i mindre end femten minutter. Efter en time hans fortvivlede

mor formået at få et lift hjem . Hun kaldte hospitaler til at se, hvis Milt

havde haft en ulykke.

På vej til garagen , havde han stoppet ved en cigar butik for 10-15

minutter at kontrollere fodbold resultater . Så kaldte han på en pige der bor

nærheden og chattede henkastet i en time. Alt dette tidspunkt , han huskede

hans mor ventede. Da han endelig samlet bilen og kom

hjem , blev han krydse med sin mor for ikke at have ventet . Han viste " en

kedelig immunitet over for enhver anerkendelse af, at han havde opført sig uansvarligt eller

hensynsløst " . (Henvisning til Cleckley , side 161.).

Cleckley brugte dette og andre casebeskrivelser at udarbejde en liste over

de særlige kendetegn for psykopater , disse omfattede

overfladisk charme , upålidelighed , uærlighed , manglende anger ,

egoisme , følelsesmæssige fattigdom , og en undladelse af at følge enhver liv

planen. Profilen af " Cleckley psykopat " er oprindelsen af

nuværende tilgange til diagnose , herunder Hare Psykopati

Checkliste.

I Psychopathy Tjekliste , Hare skelner to " faktorer", der

er stærkt korreleret med hinanden, men som har forskellige

mønstre af indbyrdes korrelationer med andre variabler . Factor One

repræsenterer personlighedstræk typiske for syndromet : " egoistisk ,

afstumpede og ubarmhjertig udnyttelse af andre " . Faktor To afspejler socialt

afvigende adfærd : " kronisk ustabile, asocial og socialt

afvigende livsstil " . Hvis diagnosen for at være en psykopat formodes

at forklare anti- social adfærd , formentlig Factor One gør det meste af

den forklarende arbejde , som Factor Two får næppe ud af listen over de

adfærd skal forklares. Og personlighedstræk af Factor One

er mere relevante for spørgsmål om samvittighed . Punkterne i Factor

Én er glibness og overfladisk charme , en storslået følelse af

selvværd , patologisk liggende , bliver skibsmanøvrering og manipulerende , mangel

anger eller skyld , lavvandede følelser , at være afstumpede og mangler

empati, og undladelse af at tage ansvar for sine egne handlinger.

(Henvisning til Robert D. HARE : Hare psykopati TJEKLISTE

- Revideret.)

Der er spørgsmål om, hvordan mennesker ender med en diagnose af asocial personlighedsforstyrrelse. Dem jeg mødte, var i Broadmoor som

et resultat af to ting : have begået en grov forbrydelse og har været

vurderes at have en psykiatrisk problem snarere end som en "almindelig"

kriminel behøver straf. Der er spørgsmål om , hvor langt de

er forskellige fra hensynsløse mennesker i det almindelige liv , der formår at få

deres måde enten uden at begå forbrydelser eller andet uden at få

fanget. Hvordan de kan sammenlignes med nogle af de politikere, forretningsmænd ,

mediemagnaters , ledere af akademiske institutioner, kaptajner af industrien

og andre, der måske også nogle gange være løgn, afstumpede , manipulerende

charmetrolde med en storslået følelse af selvværd og lidt anger ? og

Hvordan de kan sammenlignes med dem, der har begået lignende forbrydelser , men

der sendes i fængsel i stedet for at se psykiatere ?

2. . AMORALISTS ?

Et oplagt spørgsmål er, hvor langt en person med den asociale referat af

Faktor To , kombineret med glib , vagthavende , afstumpede personlighed

Faktor Man skal betragtes som havende en " forstyrrelse" snarere end blot som

være moralsk dårligt. Kunne den person med antisocial personlighed

lidelse vise sig at være " rationel amoralist " der hjemsøger

filosofiske bøger om etik ?

Mindst lige så langt tilbage som Platon, filosoffer skriver om etik har

gentagne gange forsøgt at tage udfordringen op til at give overbevisende grunde til, at

nogen skulle bekymre os om fordringer moral. Man danner dette

udfordring kræver er efterspørgslen efter argumenter , der vil tilbagevise den

amoralist . Men denne teoretiske konstruktion , de " amoralist " , viser sig

at være en glat karakter.

Den enkle version af amoralist er nogen aldeles egennyttig

og forberedt hensynsløst at trampe på andre. Men fordi

samfund er sat op til at afskrække folk fra at handle på denne måde , en rationel

amoralist bliver nødt til at operere i kraftig forklædning. For at undgå juridiske

straf eller social udstødelse , en egennyttig person, skal mindst

forsøge at " pass" som en person, der respekterer andres interesser .

Uanset den underliggende holdning , adfærd mindste bliver mindre

af en trussel. En anden modifikation resultater, hvis amoralist har

almindelige menneskers ønsker for relationer. De dybeste relationer

er uforenelige med at blive kontaktet i en ånd af egennyttig

beregningen. Så nogle følelsesmæssig involvering med navnlig andre

folk kan gøre nogle revner i barrieren mod altruisme .

Som et resultat af disse ændringer , der er en skrælle ned til

konceptuelle kerne af amoral . Den rene " konceptuelle " amoralist må ikke

være egoistisk . Han kan ofte bekymre sig om andre mennesker og handle imod dem

med velvilje og endda generøsitet. Men han gør det, fordi han

vil, ikke på grund af nogen tanker at han burde gøre det, eller om

moralske forpligtelser . Konfronteret med " moralske" anvendelser af ord som " burde " ,

" Højre", " forkert ", " pligt ", " pligt " , vil han reagere som Oscar Wilde

gjorde, da spurgt, om han var patriotisk : " Patriotisme er ikke en af mine

ordene " .

Et af formålene med disse samtaler var at se, hvor langt folk med antisocial

personlighedsforstyrrelse gør eller ikke konvergerer med en af disse typer

af amoralist .

3. . Interviewet SPØRGSMÅL OG de moralske begrænsninger.

De mennesker bliver interviewet alle havde gjort nogle forfærdelige ting. den

interview plan startede fra en ramme jeg brugte til tidligere arbejde på

psykologi af mennesker involveret i nogle af de store tyvende

århundrede grusomheder. Tænker Auschwitz, Gulag , Hiroshima eller

folkemordet i Rwanda , er der et indlysende spørgsmål : hvordan kan folk

har bragt sig til at gøre sådanne ting ? Jeg nærmede dette ved at bede

om begrænsninger i hverdagen , som forhindrer folk fra

torturere eller dræbe hinanden . Jeg foreslog en række begrænsninger og

spurgte , hvad der var sket med dem i Nazityskland , Rwanda og andre

steder. Disse interviews forsøgt en lignende strategi. Når folk

Jeg intervieWe begået deres forfærdelige forbrydelser , var den normale

begrænsninger overvældet af andre ting? Hvis ja, hvordan blev de

overvældet , og ved hvad? Eller blev de mennesker uden den normale

begrænsninger ? Enten måde, hvad der foregik inde i dem ? Hvordan gjorde de tror

om, hvad de skal eller ikke skal gøre?

Hvad er de faktorer, der det meste af tiden , hæmmer folk fra

grusomhed, vold og drab? Et oplagt faktor er egeninteresse.

Død af en konkurrent kunne være rentable . Overfald en fjende

kan give psykologisk tilfredshed. Men samfundet er organiseret i en

måde til formål at gøre omkostningerne for høj. Normalt for rationel

egennyttige mennesker er sådanne fristelser opvejes af risikoen for

social skændsel og lange fængselsstraffe.

Selvfølgelig , for de fleste mennesker , egennyttig beregning er ikke den

hele historien. Platons genialt simpel " ring af Gyges " tanke

eksperimentet er designet til at bringe det ud . Hvis du havde en ring , der gjorde du usynlig , så at forbrydelser ikke ville blive efterfulgt af straf og

skændsel, ville du have nogen grund til ikke at stjæle , ikke at voldtage eller ikke

at angribe folk, der antagoniserer dig ? Ringen af Gyges er en udfordring

at præcisere de moralske ressourcer, vi har : de fastholdende motiver,

er ikke bare egennyttig .

Disse moralske begrænsninger er forankret i vores psykologi. Central blandt

dem er hvad der kan kaldes " de menneskelige reaktioner " . Vi er i stand

føler sympati for andre mennesker. Selv om reaktionen kan være

deadened eller over- redet , kan vi blive forført af en andens glæde eller

bedrøvet over deres lidelser. Og vi har en tendens til at vise andre

folk respekterer . Igen svar kan dæmpes eller over- redet . men

den forstand de fleste af os har for andre folks værdighed er en barriere

mod ydmygende dem . Vi er rystet over at se nogen blive spyttet

på . Disse menneskelige reaktioner sympati og respekt er knyttet til

empati : til vores forestille sig, hvad det er ligesom for andre at

erfaring lidelse eller ydmygelse .

Et andet centralt moralsk tilbageholdenhed er vores følelse af vores egen moralske identitet.

De fleste af os har en idé om den slags person vi er. vi har nogle gange

have et billede af den slags person , vi gerne vil være sammen

med værdier, der former det billede. Selv om billedet ikke er godt

udarbejdet eller er delvist bevidstløs , kan det fungere som en moralsk

tilbageholdenhed. Vi kan i det mindste kender den slags person, vi ønsker ikke at

være, og det kan holde os tilbage fra at arbejde i våbenhandel eller

bliver et tv evangelist .

Spørgsmålene var designet primært for at se , hvor langt disse moralske begrænsninger var til stede i de mænd, jeg interviewede . For at gøre det

spørgsmål som unthreatening som muligt , jeg undgik at spørge " har du

en følelse af rigtigt og forkert ? "I stedet spurgte jeg om, hvad de ville

lære børn om rigtigt og forkert. Jeg spurgte også, om , hvis de

kørte en bil , ville de parkere i en " handicappet " rum , og hvad deres

Årsagerne var for at gøre eller ikke at gøre det. Hvor de sagde, de ville ikke

park i den handicappede rum, opfølgende spørgsmål om årsager kunne

indpasses i deres egeninteresse : "Jeg ønsker ikke at få hjul fastspændt "

eller " det kunne være akavet, hvis mennesker bemærket ." Men der var også

mulighed for at finde nogle af de moralske ressourcer : sympati for

handicappede, respekt for deres rettigheder eller endog moralsk

identitet: "Jeg ønsker ikke at være den slags person, der var så betyde

som at gøre det . " Nogle spørgsmål havde til formål at udforske deres følelse af

moralske identitet: " Hvordan vil du beskrive den slags person du tror

du er? Har du en idé om den slags person , du gerne vil

være? " Andre undersøgt, hvorvidt der var ting, som gjorde dem til at føle

skyldig. Andre udforskede deres forståelse af moralske begreber som

fairness .

De adspurgte alle havde en diagnose af antisocial personlighed

lidelse. De havde også blevet dømt for mindst én alvorlig forbrydelse

såsom mord eller voldtægt. Før interviewene Jeg undgik at finde ud af

hvilke forbrydelser , de havde begået, da jeg ikke vil have mine svar og

visning af dem at blive påvirket af denne viden. Og under interviewene

Jeg har ikke spørge dem, hvad deres forbrydelser havde været. (Nogle gange er de

meldte disse oplysninger uden at blive spurgt.) Men henblik på at udforske deres evne til empati og sympati , jeg stille spørgsmål

i retning af "Når du gjorde hvad det var , vidste du forestille dig, hvordan

de mennesker, du skadet følt ? Kunne du forestille dig , hvordan de følte ? Vidste du

bekymrer sig om , hvordan de følte ? "

Disse interviews er et stykke " kvalitativ forskning" , et udtryk, der ofte

i modsætning til " kvantitativ forskning" . Fordi spørgsmålene er ikke

tager sigte på "Ja" eller "nej " svar , men er åbne, disse samtaler

ikke egner sig til kvantitative resultater . Målet har været en

intuitiv forståelse af, hvordan gruppens medlemmer mener om ret

og forkert, om sig selv og deres værdier. den intuitive

forståelse kan måske sammenlignes med en historiker forsøger at

få en idé om , hvad Asquith var ligesom fra hans breve , eller forsøger at

få en fornemmelse for sindet af Hitler fra registreringer af hans bord snak.

Sådanne dokumenter kan ikke egner sig til numerisk analyse , men

stadig de kan hjælpe historikerens forståelse.

Et stykke af kvalitativ forskning vil ofte rejse spørgsmål , der

kræver kvantitativ forskning . I denne undersøgelse , for eksempel, disse

interviews blev ikke også givet til en kontrolgruppe. Vi overvejede at gøre

dette , men besluttede imod . Som en kontrolgruppe , vi kunne have haft en

gruppe af studerende , en gruppe mennesker i psykiatrisk hospital med en

anden diagnose , en gruppe soldater , en gruppe af sygeplejersker , eller en

gruppe mennesker i fængsel. Forskellige kontrolgrupper ville generere

meget forskellige sæt af ligheder og kontraster. hver mulig

kontrolgruppe ville have vippet vægten af undersøgelsen i en

anden retning. At have en kontrolgruppe ville have tilladt

måling, men vi troede fordelene ved dette ville have været

opvejes af vipningen virkning. Vi ønskede et bredt billede af dette

gruppe , ikke et billede hovedsagelig af de særlige kontraster mellem dem

og siger , de studerende .

Men dette billede vil rejse spørgsmål, hvis svar kræver

komparative og kvantitative metoder . Vores interviewpersoner var

psykiatriske patienter. De blev også dømt voldelige kriminelle. de

havde også diagnosen af antisocial personlighedsforstyrrelse. til

etablere den karakteristiske bidrag af deres diagnose for, hvad de

sagde ville naturligvis kræve kvantitative sammenligninger med dem i

de øvrige kategorier uden diagnose . Billedet her er en

skitse . Det sigter dels at give en intuitiv fornemmelse for en gruppe af mennesker

hvis egen måde at se tingene er ikke meget forstået, og dels til

foreslå hypoteser, der kan testes i fremtidige studier.

Interviewene er "semi -strukturerede " . Det er et standard sæt af

spørgsmål var på plads, men det var ikke stift overholdt. Formålet var

noget mere konversation . Uformel kan tilskynde folk til at være

mere imødekommende . Og når nogen sagde noget interessant, jeg følte

fri til at følge det op , uanset den oprindelige plan. Dette gjorde det

interviews endnu mindre modtagelige for kvantificering , men jeg håber, at denne

ulempe har vist sig at blive opvejet af interesse for , hvad der var

sagde.

KAPITEL TO : Konturerne af en moralsk Landskab.

MORAL dybde og overfladiskhed .

Et tema af spørgsmålene handlede om , hvad slags ting er forkert, og hvad der gør dem så . (Normalt sat i forhold til, hvad børn skal

blive undervist , i et forsøg på at gøre spørgsmålet mindre truende eller

beskylder .) Spørgsmålet aflyttet i det store udvalg blandt

interviewede på et kontinuum mellem hvad der kan kaldes moralsk " dybde"

og " overfladiskhed " .

Spørgsmålet om, hvad tingene er forkerte undertiden fremkaldte svar

slående overfladiskhed .

CQ : De bør ikke sværge , du ved , gør hvad din mor fortæller dig at

ved , du ved, gør godt i skolen, når du vokser op , du ved . være

forsigtig, som du blander med . Må ikke tale med fremmede , du kender. ting

gerne, at ...

Hvilket er mere forkert -mobning eller bande ? Hm , bande og mobning

er forkert , både forkert i mine øjne. Både det samme? Ja, begge det samme .

(Quigley 1,2.)

IQ: Men de sagde, at jeg har sat mig et temmelig høj moralistisk standard .

Hvad kan du sige om din meget høje moralske standarder ? Nå, jeg

ikke sværge foran kvinder.

Jeg er respektfuld. Jeg mener, jeg tror på at åbne døre , og hvis en

kvinde er at gå langs , det være sig en patient , eller et medlem af personalet , så lad jeg

dem gå gennem døren først, og ting som det ...

(Questor 6 .)

Andre var temmelig umælende når bedt om at gå ud over notering

specifikke ting de troede forkert, og at begrunde emner, der

på listen. Men nogle gange en mere generel opfattelse (som " ting, du

ville gerne , hvis de blev gjort til dig " eller" ting, der i det lange løb vil ikke gøre dig glad ") ikke dukke op.

QA : En dag jeg købte min kone et dusin røde roser og sætte dem på toppen af

fjernsynet , når hun kommer ind , og når min søn ser dem skar han

dem ud med en saks . Tja , jeg har ikke revse ham . min kone

revsede ham. Hvis du havde været at tale til ham , hvad ville du have

kunne lide at sætte på tværs ? Hvad tror du, børn bør undervises om

rigtigt og forkert ? Ikke at gå ud at stjæle. Ikke at gå ud kampene og

bare gå væk . Det tager en bedre mand til at gå væk end bare stående

og kæmpe. Ikke at gå ud og kalde folk navne og alt det der. ikke at

komme i problemer , virkelig. Men hvis du var at opdrage dine børn,

du ville tænke på at fortælle dem disse ting ... De må ikke skære roser ud,

de må ikke råbe efter andre mennesker. Antaget børnene sagde ,

" Hvad gør alle disse ting galt? Hvad er det, de har til fælles

der gør dem forkert ? Tja , det er bare misbrug , det er alt . Det er bare

misbrug ... være misbrug hele tiden. Antaget du opdrager en

barn, og han siger: " Du fortæller mig alle disse ting er forkert, men hvad

gør dem forkert ? Hvad gør alle disse ting , stjæle og lyve og

misbruger folk- hvad gør dem helt forkert ? Tja, det gør dem forkert

- Det ikke er deres ejendom. Det tilhører en anden. En anden har

købte det, eller bygget det eller var det givet , eller noget lignende, og

det er ikke din ejendom. Det er deres besiddelse. Det er deres. hvad med

råbe efter gamle mennesker ? Hvad gør det forkert? Shouting efter gammel

folk ? Tja , jeg synes, at Mickey - tager mere end noget andet. Det er

forkert , misbruger gamle mennesker. Gamle mennesker ikke vende rundt og begynde

råbe , tæv , men jeg brugte til at tugte mine to små piger, når de bruges til at råbe på Mrs Hopkins , der bruges til at bo dør om dør . hun havde

to pinde og de bruges til at tage mickey ud af hendes ... En dag de

kunne være den samme, og nogen kunne begynde at råbe på dig, og hvordan

vil du gerne det ?

(ASH 2, 3).

Hvad er forskellen mellem dybde og overfladiskhed her? dybde dåse

kommer fra seriøse overvejelser om, hvorfor tingene noget. denne refleksion

kunne være om sig selv . Hvilken slags liv ønsker jeg at lede og hvorfor?

Hvilken slags person , jeg ønsker at være? Det kan være om religion eller

samfundet. Intet af dette nødvendigvis indebærer meget bekymring for andre

mennesker. På den anden side dybde kan komme , ikke fra refleksion, men

fra en intuitiv fornemmelse for andre mennesker, og hvad der betyder noget for dem.

Spørgsmålet om, hvordan du gerne vil have det , hvis nogen begyndte at råbe

på dig har mindst en vis dybde . Men der lægges vægt på at lade kvinderne gå

gennem døren først og ikke bande er lavvandede , fordi

konventionelle. De viser heller ikke tegn på refleksion på grunde eller

en fornemmelse for, hvad der virkelig påvirker mennesker . Dette gælder mest klart

den opfattelse, at bande og mobning er lige så dårlig.

Egeninteresse og Ring of Gyges .

Der var spørgsmålet om , hvilke principper for udvælgelse, hvis nogen, de

brugte. De blev spurgt, hvorfor de ville lære børn at gøre nogle

ting og ikke at gøre andre. Nogle svinget mellem grunde,

appellerede til ideer om rigtigt og forkert , eller bekymring for andre mennesker

og grunde appellerer til egeninteresse. Vægten var stærkt på

egeninteresse.

Når du taler om yngre børn, siger børn i alderen omkring 6

eller 7 , hvad ville du lære dem om rigtigt og forkert ? Z.C : Jamen, jeg

ville lære dem ... ikke at være uartig , ikke at stjæle . Jeg ville fortælle dem

grundene , selv om. Jeg ville ikke bare sige til dem -ikke stjæle , fordi

det er forkert. Jeg ville fortælle dem grunden . Fordi hvis du stjæler den

Politiet ville fange dig i sidste ende , ville de låse dig op, og du

ville lide . Jeg ville fortælle dem, at vejen . Kender du nogen anden

årsager ? Tja, at det er forkert. Jeg vil forklare dem , hvordan ville du

som en person at stjæle din ejendom ? Du ville ikke lide. Så du skal ikke stjæle

andre folks ejendom . Og også fordi det er vigtigt -du være

låst op , låst i fængsel og godt du lider . Du mister din

frihed.

(CRINOS 1).

Andre gav årsager , der appellerede blot at egeninteresse.

Hvad ville du lære dem er rigtigt og forkert ? Hvad har du i

noget imod det? NB : Øh , lære dem ikke at tale med fremmede, øh, ikke at komme på

den forkerte side af loven , bryde loven , um, lære dem ting, som

Jeg har været igennem , lære dem ikke at gøre, hvad jeg gjorde, type ting , så

undervise dem anderledes. Få en god uddannelse , få et godt job . Antag

du undervise dine børn ikke at tale med fremmede , få en god

uddannelse , ikke at bryde loven . De vender rundt i en alder af 13 og

sige: "Jamen , OK , du fortæller os alt dette, men hvorfor? Hvad er grunden

bag det hele ? Hvad ville du sige? Um , [lang stilhed] Fordi du har brug for

et job i liv og en god uddannelse i livet at få overalt. Hvis du

ikke , så er du bare at være um på Dole, der bor på vandrehjem og bedsits for aldre , ingen penge , næsten ingen tøj, kan ikke få dig selv

et godt måltid . Og det er derfor, du har brug for en god uddannelse og et job , og

når du er på bistandshjælp og bor i en bedsit , og du har intet

til dit navn, så du begynder at stjæle fra butikker, mad fra butikker. du

bliver fanget , får du i problemer med loven . Så virkelig du fortæller

dem, hvordan man få et lykkeligt liv ? Ja .

(SORT 2.).

Når resultaterne af at blive fanget er så fremtrædende blandt årsagerne ,

er det naturligt at spekulere på, hvad spørgsmålet om ringen af Gyges vil

fremkalde . Nogle, forståeligt nok , var lidt kastet af det. Nogle gange er det

var svært at være sikker på, hvor langt deres svar afspejler en reel holdning

og hvor langt de afspejlede behovet for at sige noget som et svar på

spørgsmål, de fandt svært og måske presse .

Generelt du tror folk bør gøre det rigtige? L.F : Ja . selv

hvis de kunne slippe af sted med at gøre de forkerte ting ? Hvad er grunden

for at gøre det rigtige , hvis du kan slippe af sted med ikke at gøre det ? Sig

igen? Nå , formoder, du kunne slippe af sted med ikke at blive fanget ,

hvad er pointen i at bekymre sig om at gøre det rigtige ? Nå, jeg

kender ikke [han griner] at være ærlig. Um , afhænger ved jeg ikke , jeg

ikke kender. Der var engang en filosof , der sagde , at hvis vi havde en

ring, der gjorde os usynlige , ville der være et spørgsmål om, hvorvidt

vi har brug for gider om moral på alle ... Hvad ville du synes om

nogen, der sagde, " godt , behøver vi ikke at bekymre sig om højre og

forkert, hvis vi kan få væk med det på grund af at være usynlig " ? jeg

dunno . Ville du føler, du havde nogen grund til at gøre det rigtige? Nej, ikke rigtig. Du kan stjæle , men du var usynlig , så ingen ville se

det er dig. Du ville gøre det? Nå , jeg formoder så , ja.

(Farleigh 12).

Andre var ikke så kastet af spørgsmålet . Ofte er det første respons

at tvivle på troværdigheden af, hvad sådanne eventyrlige tankeeksperimenter

påtage sig. Ville usynlighed virkelig være en pålidelig beskyttelse mod

blive fanget ?

Den græske filosof Platon havde den idé, at hvis vi havde en ring,

gjort os usynlige , ville der være et spørgsmål, som vi havde nogen grund

ikke at stjæle . Hvis vi havde en ring , der gjorde os usynlige , ville vi aldrig være

fanget. Ville der være nogen begrundelse for ikke at stjæle så? Z.C : Say

du er usynlig , kan du slippe afsted med det måske hundrede gange .

Men til sidst vil de gennemskue dig ud - nogen, der er usynlig er

gøre dette, og de vil sandsynligvis være mere ... ser ud til ... Så du vil

bliver fanget i sidste ende? Ja ... De gennemskue , at en usynlig person,

gør dette. Der er nogle film, hvor de viser usynlige mennesker og

sidst de fangede dem.

(CRINOS 7).

Men det næste svar var ofte at tro, at en effektiv udgave

ville fjerne eventuelle problemer om at stjæle , selv om detaljerne i denne

Tankegangen var til tider bizarre .

Men hvis jeg kunne slippe afsted med det , hvis jeg virkelig kunne slippe afsted med det

evigt - formode Jeg vidste bare, at jeg kunne slippe af sted med noget , ville

der være noget problem i at gøre det så? Z.C : Der ville ikke. Nej, du er

højre. Der ville ikke være et problem. Hvis du var usynlig , og siger, holdt dræbe mennesker, og du kunne ikke blive fanget , så i sidste ende , og

du ville være den eneste person på planeten, og du ville være ensom ved

dig selv, hvis du dræbte alle.

(CRINOS 7).

Et synspunkt var , at bære ringen af Gyges ikke ville stoppe retsakter, der

forkert, men at den manglende konsekvenser for bæreren ville betyde

forkerthed ikke noget.

Hvis et barn haft den ring , hvad ville du lære dem ? Ville der være

noget de ... JF : Være over loven , et trin over loven. ville

de ting, der stadig ville være forkert , selvom du altid kunne få

væk med dem ... Det ville være forkert , ja , men hvis du kunne slippe afsted med

det, ville du være et skridt hævet over loven. Så det er okay ? Det er

okay , ja.

(FALL 2).

For nogle ville ringen have resultater, der var bedre end " alle

rigtige " . Det ville være en fantastisk mulighed .

Hvis vi havde en ring , der gjorde os usynlige , ville der være en grund til at

bekymre sig om rigtigt og forkert ? Fordi du stadig kan få en god

liv, fordi du aldrig ville blive fanget ? N.B : Det ville være min perfekte

drøm , der ville. Det ville være din perfekte drøm. Det ville , ja.

Hvis du lige gjorde noget , kunne have noget ... Og vil du gøre det?

Jeg ville , ja.

Hvis du kunne få et godt liv ved at gøre ting, der er forkert, fordi

kunne du ikke bliver fanget , så ville der ikke være noget problem ? ... Jeg tror ,

fordi jeg vidste, at jeg kunne slippe af sted med det , men kan du bruge ringen på en måde , hvor man kunne ikke bare gøre forkerte ting , men få et godt liv

ud af at bruge ringen så godt? O.K , hvordan ville du bruge ringen i en

godt liv ? Um , huse, biler, både , ferie. Dette ville tage

disse biler og både og ting , ville det? Oh, yeah, ville du være ,

ja.

(SORT 3.).

Men ikke alle delte den almindelige begejstring for ringen . én

troede samvittighed vil stadig fungere .

Hvis vi kunne gøres usynlige ... ville vi ikke have nogen grund til at genere

om at respektere andres rettigheder , fordi ingen ville vide det

var os . Hvad synes du om det? B, f : Er, jeg tror, at hvis du havde

ultimative psykopat med ingen samvittighed , så du kan slippe afsted med det ,

Ja. Men jeg tror ikke, der er nogen her der ... Jeg kan ikke forestille mig ,

måske er der , at der er nogen , hvis samvittighed ville tillade

dem at slippe af sted med det. Eller jeg ved ikke , det lyder, hvis du var i

den slags sted, hvor du ønsker at gøre det , øh , jeg kunne gætte på, at

ville du ikke bare være tilfreds med at gøre det.

(Fellows 3.).

AMORALISTS ?

I interviewene den (udbredt, men ikke universelt) begejstring for

de befriende virkninger af ringen af Gyges tyder på en vis affinitet

med den hensynsløse egeninteresse simple amoral . Denne er udstyret med

forventninger jeg havde , baseret på stereotype om " der mangler et

samvittighed " . Men mod denne stereotyp, deres livssyn ikke passede

den konceptuelle kerne amoral : den manglende forståelse , eller afvisning af , ordforråd moralbegreber . For det meste ,

de ikke havde opgivet (eller undladt at erhverve) den moralske ordforråd

rigtigt og forkert, godt og ondt , retfærdigt og uretfærdigt . Og visse moralske

begreber og tanker i særdeleshed var dybt forankret i

udsigterne for mange af dem.

Fairness og respektere RETTIGHEDER.

Blandt de moralbegreber , der havde et stærkt hold på de fleste af dem

interviewet var retfærdighed og respekt for folks rettigheder . undertiden

respekterer rettighederne var knyttet til at lade folk leve deres eget liv

og fairness blev set som ligebehandling. Disse kombineres i tanken

at forskellige grupper , såsom mænd og kvinder bør være lige så fri

til at leve deres eget liv.

ZC : I min søsters tilfælde , jeg ønsker hun føder barnet,

fordi jeg kan lide at have masser af nevøer og niecer . Men det er ikke op

til mig. Jeg mener, jeg kan ikke gå og fortælle min søster -oh , gå på, du har det

baby, om du kan lide det eller ej. Jeg kan ikke gøre det . Det er op til min

søster. Det er op til den enkelte. Så en af dine værdier respekterer

individer? Hvilke andre værdier tror du, du har ? Hvem , mig? Ja.

Værdier , hva '? [lang pause] Jamen jeg talte med en psykolog i lang tid

siden. Jeg tror på , jeg tror, at kvinder bør være så lige som

mænd er . Jeg tror, kvinder skal have lov til at gøre hvad job mændene

gør- de skal have lov til at gøre det så godt. Hvis de er gode til det ,

de skal have lov til at gøre det . Jeg mener også, at kvinden -I

mener, hvis kvinden går ud og har masser af sex med mænd, nogle mænd

ville kalde hende en tøs . Men jeg er ikke enig med det. Mænd kan lide at gå og har masser af sex med kvinder, så en kvinde skal have lov til at have

masser af sex med mænd. Er det et spørgsmål om retfærdighed ? Det er , ja. hvad

er retfærdighed ? Hvad betyder det at være fair eller unfair ? Ligestilling til

alle. Uanset hvad de får lov til at være , bør de andre være

lov til at leve .

(CRINOS 4).

Sommetider bekymring for fairness og om rettighederne var knyttet til

fantasifuld bevidsthed om, hvordan andre føler måske , når de behandles uretfærdigt

eller når deres rettigheder ignoreres. Manden, hvis samvittighed ville ikke

lad ham slippe af sted med at bruge ringen af Gyges appelleret til fantasien

her.

Tage din bil for at få dagligvarer , hvad ville du gøre, hvis der var en

mangel på plads og der var en handicappet plads , ville du parkere i

handicappede rum til tider eller ej? B, f : Nej, ikke på alle? Ikke på alle,

no. Hvorfor ikke ? Er, fordi der er en særlig grund . Handicappede har

problemer med mobilitet, og du ved, at der ville være noget at stoppe mig

parkering langt væk og gå med shopping ... men nogle mennesker

har

en .. brug kørestole, uanset hvad, at komme rundt ... eller gangstativer , så jeg

ville ikke , det ville være meget uretfærdigt , øh ... Unfair ? Ja , på enhver potentiel

handicappet person, der ønskede at bruge det. Ja. Hvordan kan du beslutte , hvad der er

fair og hvad der er uretfærdigt ? Um , jeg formoder, en del af det er ned til , ville

det medføre angst , skabe problemer for nogen? Ja. Og , øh, du

vide , det ser på fordele og ulemper ved enhver beslutning, jeg formoder , øh, ja

det ville spare mig tid og kræfter , hvis jeg parkeret der , men mængden af indsats og tid en handicappet person ville miste ville massivt opveje

det. Så det er dels en slags største lykke for flest

slags spørgsmål , (eller mindst elendighed) ? Um , dels , men det er ikke kun bare

det. Nej Hvad er det? Um , jeg formoder, det er til dels , hvordan jeg føler omkring

det alligevel. Når du siger " hvordan du føler " hvad har du i tankerne? um ,

godt jeg formoder, nogen har oplevet på et tidspunkt handicappede

bliver ignoreret , deres rettigheder bliver ignoreret , og den måde , der kan gøre

dem til at føle . Og hvis du er helt tilfredse med at bare sætte op med det, så ,

is , vil du sandsynligvis ikke har så meget af et problem med at bruge deres

parkeringsplads, men , øh, hvis du ikke er , så ...

(Fellows 1,2.)

Men denne appel til fantasien var sjældne. For de fleste andre interviewpersoner ,

mens respekt for folks rettigheder var vigtigt , var det ikke

specielt knyttet til nogen empati eller sympatisk fornemmelse for mennesker

hvis rettigheder er over- redet .

Tror du, det er forkert at parkere i en handicappet rum? O.A : Ja, jeg gør .

Hvorfor er det forkert ? Fordi der kan være nogen, der kommer ind for at bruge

rummet , der er deaktiveret og kan ikke parkere der . Det er ikke hvad jeg ville

gøre. Er det fordi du har ondt af den handicappede ? Nej, det er

fordi handicappede har fået rettigheder ligesom normale mennesker . Ja,

det er bare at respektere deres rettigheder? Ja , jeg respekterer deres grundlæggende rettigheder.

(ADDISON 1).

Det er værd at udforske denne stærk forpligtelse til fairness og

respektere rettigheder , men som ikke stammer fra fantasifulde sympati

med dem, der uretfærdigt behandlet . Det er et dominerende træk ved denne moralske landskabet. Hvor kommer den fra ?

KILDER moralens UDEN sympati.

Et interview bragt ud et motiv for at respektere folks rettigheder,

genlød Humes appel til stabilitet og andre fordele, der kommer

fra stiltiende gensidige konventioner til at respektere hinandens ejendom.

Q.A : Der er ingen stjæle overhovedet. Jeg har aldrig hørt om en patient

stjæle fra en anden patient i dette hospital . Hvorfor tror du, at

er? Nå , jeg formoder, hver de respekterer . Jeg har fået en telly , jeg har en

undulat , en Walkman -alle den slags ting . Og jeg forlader min dør åben .

Hver patient har allerede fået den samme slags ting . De gør en smule

at bytte , skalten og beskæftiger sig mellem hinanden, men de har ikke

gå stjæle fra hinanden. Du nævnte om at respektere hver

anden. Har du respekterer folk meget? Jeg respekterer folk, hvis de taler til mig

og behandle mig OK. Hvis de ikke gør det, jeg bare ignorere dem. Jeg vil ikke have

intet at gøre med dem. Jeg ønsker ikke noget at gøre med nogen

balladmagere eller noget lignende, nu ...

(ASH ? 7 → 8).

På hospitalet syntes der at være et sæt af uudtalte konventioner,

gik ud over respekt for ejendom.

På hospitalet her er der en slags moralsk kode, som folk adlyde

om, hvad du gør med hinanden , hvordan man behandler hinanden og så videre ,

eller ej? Er der ting, at de fleste patienter vil være enige var forkert

når nogle person gør det til en anden patient ? J.Q : Ja, jeg tror det.

Der er intet faktisk sagt, eller skrevet ned, men det er lidt

almindeligt accepteret , at uden noget nogensinde er sagt, hvad der er og hvad der ikke er gjort. Hvad ville du sige er de ting i det moralske

kode? Um , jeg mener , ligesom, homoseksualitet , i privat OK, i det offentlige , nej.

Ting som det , du ved ...

Det er en slags accepteret regel, at du ikke spørger folk om deres

historie eller noget lignende.

(Quirk , 12-13 .)

Væksten af en sådan aftale kræver en vis idé om, hvad andre

sandsynligvis ønsker , og hvordan de er tilbøjelige til at opføre sig som reaktion på

den stiltiende forståelse holdes eller brydes . Men efter at have empati for ,

eller bekymre sig om , andres følelser er ikke afgørende. det

Strategien er i bedste fald en minimal skridt væk fra egennyttig

amoral .

Sympati er ikke den eneste vej væk fra amoral . De fleste menneskers

moral udsigter kommer fra en række forskellige kilder. Nogle er knyttet til

sympati og nogle er ikke. I interviewene tre elementer, der ikke

knyttet til sympati spillet en stor rolle . Den ene er , hvad der kan kaldes

"Kommando moral " . De to andre er versioner af retfærdighed , den ene baseret

om , hvad der kan kaldes " primitive ligestilling " og den anden baseret på, hvad

mennesker fortjener.

COMMAND moral.

Et eksempel på kommando moral findes i autoritære udgaver af

religion : "dette er forkert, fordi Gud har sagt det, og der er ikke plads

for yderligere diskussion . " En anden version er holdningen mange mennesker

nødt til loven i det land : "det er ikke for mig at vurdere, om

grunde til en lov er god eller dårlig ; dette er ulovligt, og så det burde ikke ske " . Immanuel Kants udtrykket " den moralske lov" bringer

paralleller mellem hans verdslige moral og både guddommelige og

Parlamentariske love. Nogle har klaget over, at hans tilgang har en

skjult afhængighed på ideen om en guddommelig lovgiver disse kritikere mener

stadig lurer bag den angiveligt sekulære moralske lov . Og ser på

religiøs moral selv , Freud berømt så, lurer igen bag

den guddommelige lovgiver , de kommandoer og irettesættelser af et barns faktiske

far. Den guddommeligt inspirerede " samvittighedens stemme " var efter hans mening

den internaliserede ekko af skyld -inducerende forældrenes stemme.

Ingen af de adspurgte nævnte Gud eller gav religiøse årsager i

støtte for deres moralske overbevisning , og der var kun én af dem , der

selv måske har hørt om Kant . Uanset sandheder eller illusioner til grund

dets forskellige teoretiske versioner kommando moral var en tilstedeværelse i

interviewene. Ikke overraskende , forældrenes kommandoer var det vigtige

dem , som i tilfældet af manden ovenfor citerede der troede mobning og

bande var lige så forkert :

Hvorfor er bande galt? C.Q : Jamen det er bare den måde, at jeg blev bragt

op , ikke sværge ved folk . Det er den måde, min mor og far bragte mig op ,

du kender. Vi blev bragt op , hvad der var galt, og hvad der var rigtigt

og at du kender. " ...

(Quigley , 1,2).

Andre antydet forældremyndighed som årsagen til at holde

særlige tro . I et tilfælde blev dette kombineret med Dronningen

bliver centrale for nogle af deres indhold. Muligvis bliver opdraget med

en kommando moral fremmer en generel vilje til at bøje sig for dem, opfattet som havende myndighed.

LN : Jeg tror dødsstraf for visse forbrydelser , bør være

obligatorisk. For hvilke forbrydelser ? Mord på børn , myrde mennesker

under 16 år , er, brandstiftelse med forsæt til at fare , brandstiftelse af Hendes

Majestæts ejendom , brandstiftelse , ligesom brandstiftelse i ethvert sted, hvor Crowns

ved trussel ... Hvis jeg var at [være i] Portsmouth og forsøge at sætte ild til en

af Hendes Majestæts fregatter jeg skal hænges for det. Fordi det er brandstiftelse

af Hendes Majestæts docks.

Jeg formoder, de ting du sagde, overrasker mig mest, er de ting

om "folk burde blive henrettet for brandstiftelse af hendes Majestæts

ejendom " . Det gør det til at lyde som om , hvis nogen er i fængsel, og

de satte ild til en af papirkurve , det er Hendes Majestæts

fængsel ... Det er ikke brandstiftelse . Jeg mener ligesom satte ild til , ligesom at forsøge at sætte

ild til, sige , Kensington Palace, satte ild til Buckingham Palace,

Clarence House, Glamis Castle . Hvorfor det gør en forskel, hvis det er

en af disse paladser snarere end blot en etageejendom ? Fordi det er

Dronningens ejendom , Dronningens ejendom. Hvad er specielt ved

Queen? Det er den måde, jeg blev opdraget respektere Crown , respektere

uniform, respektere den kongelige familie. Hvis jeg siger jeg ikke er så interesseret i

respekterer den kongelige familie , kan du give mig en god grund til, at jeg

skal? Hvor ville du være uden dem ? .. Jeg vil sige til dig , du fik til

ser på det, uden dronningen du ikke vil have en anstændig måde

levende ... jeg ser på det , jeg mener , den måde jeg har været bragt op, dronningen,

hvordan kan jeg sætte det , dronningen er nummer én person , ved du hvad jeg

mener, efter dig selv . Du ved hvad jeg mener, du har fået dig , og så skal du respektere monarkiet fordi monarkiet henseender

du ... [A] godt eksempel er prins Charles. Han er involveret i

bevaring , han er involveret i kunst ... Han er ikke ligesom , selv om han er

royal , vil han tage tid at sidde, tale med dig, og sandsynligvis forstår

dig bedre end dig selv , sandsynligvis. Jeg er ikke sikker på, jeg tror, han

forstår mig bedre end jeg selv , men .. Men han har fået mere

erfaring ... Jeg ved det ikke, det er bare den måde, jeg er blevet opdraget .

(NICHOLSON 5, 6).

Denne respekt for autoritet undertiden kombineret med ideer om

loyalitet over for dit eget land. Resultatet var en " mit land højre eller

forkert " tro på ubetinget lydighed til de krav, patriotisme.

Nogle mennesker siger, at et problem med hæren er, at du er nødt til at

adlyde ordrer , man nogle gange dræbe mennesker , hvis der er en krig , og det kan

ikke være rigtigt at gøre det altid . O.A : At forsvare dit land , ja, også

ret det er . I krig , er det rigtigt? Ja, selvfølgelig er det . Du er ikke

bare forsvare dit hjemland , er du forsvare kvinder,

børn , mennesker i det. Du forsvarer deres ret til at være frie. det

tager to sider til at lave en krig , og den ene side forsvarer , og den anden

side angriber . Kan du altid stole på vores side for at være dem, der

forsvarer ? Hvis du er britiske, du står for Storbritannien, uanset om det er

rigtigt eller forkert. Du er en del af det pågældende land. Hvis Storbritannien siger, " Okay,

Jeg er i krig med denne flok " , behøver du ikke argumentere. Du skal bare sige, " Fair

nok "og" Lad os gå til at gøre , hvad vi har at gøre . "

(ADDISON 5).

Fairness PRIMITIVE ligestilling.

En anden kilde til moralske overbevisninger, der ikke er afhængige af sympati er den

følelse af retfærdighed . En version af dette er den bekymring er for lige

behandling. De fleste forældre kender den dybe lidenskab at ulighed vækker

børn. I en meget ung alder , kan hvad der kan kaldes " primitive

lighed "synes dybt forankret. Enhver, der har tre børn og

tre stykker af kage , og som distribuerer dem på nogen anden måde end

den indlysende, kommer snart på tværs af lidenskab om det.

I en række interviews , den kraftige støtte til ligebehandling

syntes relateret til denne primitive ligestilling. Det er slående , at man

henvisning harked tilbage til barndommen , hvor et barn blev givet lomme

penge og en var ikke .

NB : urimelighed kan være , øh, min mor gav mig lommepenge , men ikke min

søster. Det er uretfærdighed så godt. Så retfærdighed er at behandle folk

samme ? Ja , til at blive behandlet på lige fod med anden person ... Så jeg ville give dig

£ 1,50 og jeg ville give den anden person £ 1,50 , så det er lige , så det er fair.

Han er ikke at få mere end dig .

(SORT 10).

FAIRNESS som Hvad folk fortjener , og gengældelse .

En version af retfærdighed handler om, hvad folk fortjener : at folk

bør belønnes eller straffes skylden eller rost , efter hvad

de har valgt at gøre. Den dybe uretfærdighed ufortjent straf

var et tema i flere interviews.

Hvad er retfærdighed og hvad er uretfærdighed ? N.B : Urimelig behandling er ligesom når

nogen får skylden for noget, de har faktisk ikke gjort. Jeg har været

skylden for ting, som jeg ikke har faktisk gjort, og at uretfærdighed ,

Der var også en stærk følelse af uretfærdighed , når andre ikke havde givet

dem den støtte og loyalitet , de troede, de fortjente.

Tror du , du vil se noget af din familie , eller er de virkelig

ud af billedet ? Q.A : Tja, jeg har kun fået en søster forlod . Jeg var i

røre med min kone sidste år, fordi min søn døde . Jeg tror, den sidste

gang jeg hører fra min kone var 16 år siden, og det tog min søn til at dø

for hende at være i kontakt med mig. Jeg gik hjem til at se hende for dagen

efter begravelsen . Et par måneder senere gik vi hjem . personalet

tog mig ud for at besøge min kone for dagen, og mig og min kone gik op til

graven. Derefter gik vi tilbage til lejligheden , og hun sagde: "Jeg har alle de

maling og tapet og alt, indendørs klar til når du kommer

home " . Jeg sagde, " Jeg kommer ikke hjem ." Efter 16 år har hun ikke været

i kontakt med mig , og fordi min søn døde, og hun er på hendes egen nu , hun

ville have mig tilbage. Efter 16 år, når jeg har været låst væk. Det er ikke

fair.

(ASH 7, 8).

Betydningen af , hvad folk fortjener ikke bare var noget, der

dukket op i forbindelse med ufortjent skyld eller opgivelse i deres

eget liv . Det dannede en stor del af deres tænkning om mere offentlig

spørgsmål. For eksempel er en foreslået, mens drab ved

Kray tvillinger var ikke berettigede , de blev mindst afbødes ved

mente, at deres ofre kunne have fået, hvad de fortjente .

J.F : The Krays kun dræbte deres egne. De havde ikke dræbe uskyldige

mennesker. Jeg er med. Hvem havde de ihjel ? De dræbte Jack "The Hat " McVitie

og George Cornell . George Cornell var med Richardsons . den

Richardsons brugt til at torturere folk og George Cornell var altid

råber hans mund off om Ronnie Kray , kaldte ham en fed puf og

der og denne forretning , at sige, hvordan han ikke var bange for Krays og

at de er ponces og råbe hans mund off . Og han arbejdede med

Richardsons og han var en gangster selv. Så Ronnie Kray skød ham i

hovedet. Han var bare dræbe en anden gangster . Og Jack "The Hat "

McVitie - han skulle være med Krays men han var altid

råber hans mund fra at han ville få Krays ... Han skubbede en

kvinden ud af bilen , og hun havde sin rygrad brød og hun kunne ikke gå

igen og Krays måtte passe hende. De gav penge, så hun

kunne være okay økonomisk, og denne Jack "The Hat " McVitie var

forårsager andet end problemer . Han lavede Krays ud af penge og

han råbte sin mund off . Så Reggie dræbte ham. Han stak ham til

død. Betyder det gør det hele ret til at dræbe ham? Det gør det ikke

højre , nej, men han kun dræbte forkerte mennesker. Han gjorde ikke dræbe uskyldige

mennesker. Hvad med folk, der dræber uskyldige mennesker ? Hvad gør du

mener bør ske? Det er dårlige . Jeg regner de skal hænges .

(FALL 4-5.)

Der var en masse støtte til henrettelse .

Hvorfor skulle vi mener, det i orden at dræbe nogen, fordi de har

begået disse forbrydelser ? L.N : Fordi det er umenneskeligt at gøre visse

ting som. Jeg ser på det som , det er en af mine udtalelser ,

nogen, der kan skade et barn ... fortjener ikke at leve. Det er bare min

mening , den måde jeg har været bragt op. Jeg mener, hvis du såre et barn ,

- boom - du ved hvad jeg mener , er der straffe et barn , og derefter

Der er bare at gå ud af din måde at såre et barn. Det er ud af

rækkefølge. Nogle mennesker siger, to uret ikke gør en ret . At det er

forfærdeligt at dræbe et barn , men det er også forfærdeligt at dræbe den person,

der dræbte barnet? Du behøver ikke enig i det? Det er bare den måde,

Jeg har bragt mig op , virkelig, du ved hvad jeg mener . Selvom jeg er

en troende katolik , jeg tror stadig pædofili er den værste forbrydelse i

verden , og der er kun én sætning til det død ...

(NICHOLSON , 5 eller 6).

Undertiden de understøttende grunde var påfaldende overfladisk, men dette

kunne kombineres med en stærk følelse af det urimelige i uskyldige

mennesker, der bliver henrettet.

NB : Jeg tror alvorlige lovovertrædere skal udføres . Hvorfor tror du,

det? Um , jeg bare se på England. Der er ingen mellemrum , er der fanger

overalt er der kriminelle, hængende , og at og jeg regner

at hvis der var henrettelse da mere udførelse end normalt , tror jeg

det ville være en mere støjsvage verden at leve i. Nogle mennesker siger, at en af

problemerne med at henrette folk , er, at folk, der er uskyldige

undertiden fejlagtigt bliver dømt. Ja, jeg tror , at OK yeah, tror jeg

så loven bør sikre, at du har fået 100% bevis inden henrettelsen .

Ja, men du kan ikke altid få 100% bevis. Nej, det kan du ikke.

Nogle mennesker vil sige: "Jamen , hvis det ville enormt reducere mordet

sats , aldrig noget imod, hvis nogle mennesker bliver henrettet , fordi færre mennesker dør

samlet " . Ville du sige, det er rigtigt eller tror du, det er forkert ? jeg

synes, det er forkert. Hvorfor ? Fordi de bare dræber uskyldige mennesker.

Så de ender med at blive mordere selv. Så det er uretfærdigt ? Ja .

(SORT 10).

Sommetider ideer om , hvad der gjorde nogen fortjener henrettelse var bundet op

med et netværk af andre karakteristiske moralske synspunkter.

OA : Hvis en mand myrder en mand, så , så vidt jeg er bekymret , det er

acceptabelt , fordi en mand kan forsvare sig. Hvis nogen angriber en

mand fra fronten, eller to mænd har en kamp og en af dem dør,

nogen slår ham, og han falder ned og dør , det er acceptabelt, fordi

de har haft en kamp, og ved et uheld nogen har døde. Hvis du går ud

med den hensigt at dræbe nogen, så skal du miste dit liv.

Hvis du dræber et barn skal du miste dit liv.

(ADDISON 8).

Nogle gange , men sjældent, støtte til dødsstraf var knyttet til

anger om personens egen fortid og sympati for hans ofre .

Nogle mennesker synes, det er forkert at have dødsstraf. Hvad gør du

tror ? QA : I nogle tilfælde ja , og i nogle tilfælde -nr. hvilke sager

ville være " ja" ? Der har været uskyldige mennesker el - ledet og

skyldige er blevet fundet senere . I voldtægt bør der være birk - Give

dem birk , eller kat -of- ni - haler - i tilfælde af voldtægt . i

tilfælde af seksuelle overgreb på børn , det samme, og de bør være

kastreret . I tilfælde af faktisk mord , er jeg enig med hængende .

Jeg har dræbt to gange to mennesker , og jeg glemmer det aldrig . Jeg gjorde ikke blot

skade dem . Jeg såre deres familie mentalt, ikke fysisk, men mentalt,

og deres kære.

(ASH 5).

Et stærkt engagement i gengældelse og ørken kan føre folk i

forskellige retninger . Bekymringen over henrettelse af uskyldige

folk førte en af de interviewede til at afvise dødsstraf , selv om han

mente også , at hvis nogen havde fortjent straffe , en privat

voldelig reaktion kunne retfærdiggøres .

LF : Sig du fik en person, der er ... slå op og bryde ind , slå op

gamle kvinder og tage alle deres penge . Politiet har ikke fået nok

evidens for overbevisning og de sidder der kører disse dejlig

motorer og smide alle disse penge rundt og den slags , og

så jeg havde ingen compun ... ingen skyld om , øh, at tage penge fra ham eller

stjæle fra ham , eller hvad , der ligger til ham eller , ved du hvad jeg mener,

eller angribe ham ...

Tror du, der bør være dødsstraf ? Nej, hvorfor ikke ? Nå ,

det afhænger af. Hvis du indrømmer det, og det er helt rigtigt, at de gjorde

det , så måske , men du altid have disse tilfælde, hvor uskyldige mennesker ...

Ja , så ville du ikke køre folk, fordi de kan være uskyldig?

Nej, det gør jeg ikke , nej , sandsynligvis ikke , nej.

(Farleigh 4, 10).

MØNSTRE .

Tre temaer skiller sig ud : moralsk overfladiskhed , dominans

egeninteresse i fantasifulde bekymring for andre, og en moral

understreger retfærdighed og rettigheder, men igen med sine rødder ikke er i

empati for andre. (Disse er de dominerende indtryk , men jeg har

citerede kommentarer fra bestemte mennesker, der går imod hver af disse

generaliseringer.)

Overfladiskhed er indlysende i trivialitet nogle af de foreslåede morallære om at lade kvinder gennem døren først , eller bande

at være så slemt som mobning . Hvor blev givet nogen begrundelse , viste de

lille tegn på eftertænksomhed eller en fornemmelse af , hvad der virkelig betød noget

til andre mennesker. Dominansen af egeninteresse er indlysende i

velkomst givet til ringen af Gyges , forudsat at det virker. disse to

faktorer tilsammen kunne antyde en gruppe amoralists der ikke har nogen

ægte opfattelse af, hvad moral handler om.

Men dette billede af den flade amoralske landskab er højst en halv sandhed.

Hvad går imod det er den meget synlige outcrop af moralske begreber

grupperet omkring ideer om retfærdighed , og hvad folk fortjener. Det er en

moralsk landskab , men en smal og hård en . I nogle få kun mænd

interviewet , overbevisninger om rettigheder og ligestilling voksede ud af en bekymring

for andre mennesker at være i stand til at leve deres eget liv, eller ud af

forestille sig, hvordan handicappede føler, når deres rettigheder trampet på .

For de fleste af dem , fantasifuld bekymring for andre ikke var det centrale . den

vægt på primitive ligestilling og om hvad folk fortjener syntes at

kommer temmelig straks fra tarmen reaktioner, umedieret af megen eftertanke

om dem. De ideer om, hvad folk fortjener blev ofte forbundet med

deres egne følelser af at være uretfærdigt behandlet , når nægtet loyalitet

de troede, de fortjente eller skylden for ting, de ikke havde gjort. i

de fleste af gruppen , denne konstellation af ideer syntes stort set

uafhængig af empati eller sympati.

Igen er shallowness slående . Dette kommer ud i betydningen

knyttet til dronningens ejendom og i troen på accepten af

" Angribe en mand fra front" . Det kommer ud i at se nogen

ballade og " råber hans mund off" er en alvorlig

afbødning om det forkerte ved hans mord. Det kommer ud i at give en

grund til at støtte dødsstraf , at "jeg bare se på England.

Der er ingen mellemrum , er der fanger overalt , der er kriminelle

hængende ... " . Alt dette har den samme trivialitet som at lade kvinder

gennem døren første og tro på den alvorlige forkerthed af

bande . Nogle af overfladiskhed kan komme fra at blive opdraget med

en kommando moral, som ikke handler om at forestille sig, hvordan folk føler . heller

betyder det udvikler tankevækkende refleksion. I stedet fremmer en

tilgang , for eksempel for at moral af krig, øjeblikkelig og

ukritisk lydighed : » Hvis Storbritannien siger , " Jeg er i krig med denne flok "

du ikke argumentere. Du skal bare sige, " Fair nok". ".

KAPITEL TRE : barndom og EFTER .

Når interviewe folk , jeg ikke enten indføre deres forbrydelser eller

deres barndom . Men de har ofte rejst et af disse emner eller begge dele.

Det blev klart, at mange af dem oplevede en stærk forbindelse mellem det

to. Det begyndte at synes vigtigt at se nærmere på deres

forstand, at deres voldelige handlinger var forbundet til en katastrofal

barndom.

1. . CHILDHOOD afvisning.

LF : Jamen, jeg vidste, at det var forkert, øh, men der var en masse , jeg ikke

slags formildende , men blev jeg giftes næste dag, og ... det er et

lang historie rigtig. Når det går godt , jeg slags altid ,

muck 'em up , rod ' em up . Ønsker du at fortælle mig, hvordan det er sket, eller

ikke ? Nå, jeg var nødt til at gå og få min dragt , og der var forskellige ting vi havde til at betale for . Girlfriend foregik om dette det, og

andre , og hvad vi , hvad der skulle betales for , penge, regninger, og ikke

bare regninger men ligesom for dette bryllup , og at . Og jeg gik ud og jeg

gjort et indbrud , og da jeg var derinde jeg så alle disse billeder, alle

disse lykkelige familier , du kender, og øh, smadrede stedet op og sæt

ild til det. Var det billederne af de lykkelige familier , der udløste

det? Er, ja, jeg tror , så ja . Var det fordi du følte du ikke havde

havde en lykkelig familie? Jamen jeg ved, jeg har ikke haft en lykkelig familie . Men det er

bare hele mit liv , alt er altid gået galt , er det bare føles , godt

det er bare sådan det er. Men når tingene går ret, jeg ved bare,

at tingene bare kommer til at gå .. "

(Farleigh 6 .)

Projektet fortsatte med at være om moral og værdier

adspurgte , men det tog en ekstra dimension . Hvordan havde deres

barndom formede hvad de plejet om , og hvordan gengæld gjorde dette

formning bidrage til deres asocial vold ?

Mange af dem beskrev barndom , hvor de blev vist lidt kærlighed .

Hvorfor har du ikke lyst til at være hjemme ? O.A : Fordi jeg ikke var elsket . der

var ni af os i familien og der var bare min mor . min mor

kunne ikke give kærlighed til os alle, og jeg blev efterladt . Ikke med vilje , men

Jeg følte, jeg var, og jeg følte mig uønsket , men jeg har altid ønsket at være sammen med min mor

fordi det er , hvor et barn skal være. Så jeg var altid ønsker at være

med hende, men da jeg var sammen med hende , jeg ikke var elsket. Så jeg havde ikke lyst til

være sammen med hende , da jeg var , og da jeg ikke var , jeg gjorde.

(ADDISON 3.).

Sommetider deres familier var voldelige. Nogle gange blev de bragt op

af forældre, der straffede dem alvorligt . Ofte var fysisk eller

følelsesmæssigt misbrugt. Det fælles tema var følelsesmæssig afvisning.

IQ: Jeg blev opdraget til jeg var syv i en meget voldelig familie . Ja,

hvor våben blev brugt, og den slags ... [Min mor] var

ligeglade virkelig , du ved, det var en meget volatil forhold ... Jeg

huske mange en tid, politiet blev kaldt til at stoppe hende, formoder jeg , hvad

du ville kalde nu indenlandske tvister og sådan som det, men der var

nogle helt ekstrem vold fra tid til anden , du kender. Der var en

kniv bruges på en lejlighed, en udskæring kniv, en bakke , den gamle stål

bakker . Hun collared min gamle mand med en bakke , og han kastede kopper om og

den slags , og så hvad jeg ville gøre, når denne situation skete, jeg

plejede at have to eller tre flugtveje og bruge en af dem en masse.

(Questor , 4, 5).

II: Så en af de få gange med min mor , og at være hjemme med

mine ældre brødre , jeg var som regel straffet for at gøre noget forkert . jeg

blev aldrig rigtig givet nogen opmuntring eller et knus for at gøre noget

højre ... Vi fik ikke lov til at lege i haven , men hvis han nogensinde kom

hjem fra arbejde , og vi var (og , naturligvis , det er bare mig til at tænke

at det er mig at få det i nakken hele tiden) , men jeg plejede at være

fremhævet , som om jeg var en eller anden måde har ansvaret for fodboldkamp i

gården, og det ville være mig , der ville blive straffet , skulle gå til

tidligt i seng, straffeforanstaltning for gengældelse . Det bruges til at indgyde skræk

frygt i mig.

(IBBOTT 2, 3).

LJ : Jeg blev misbrugt , seksuelt og fysisk mishandlet , konstant . og jeg

var på hospitalet i elleve år med polio og de kun kom til at se

mig engang .

(JACKSON 3).

Ruter fra afslag til vold.

Som de beskrev deres vold indefra, hvad de sagde

foreslog to forskellige måder, hvorpå deres katastrofale barndom

kunne være knyttet til den. Én rute vil spore tilbage til deres barndom

skabelsen af behov , ønsker og følelsesmæssige tilstande så stærk, at

overvælde enten egeninteresse eller de moralske begrænsninger. den anden

ville se deres barndom afslaget forkroebling væksten i

moralsk Hovedstøtternes selv.

Ser først på den overvældende af egeninteresse og den moralske

begrænsninger , to Foreslåede kausale konti dukket op. Den ene er , at de

reagerede på barndommen afvisning med vrede, som kom til udtryk i

vold. Den anden er, at deres barndom erfaring forlod dem med

uopfyldte følelsesmæssige behov , som de forsøgte at tilfredsstille gennem deres peer

gruppe ved at vinde anerkendelse for deres sejhed og vold. Hvis der til

nogen grad de havde været i stand til at udvikle de menneskelige reaktioner

sympati og respekt, ikke disse var nok til at beskytte deres ofre.

Sådanne moralske ressourcer , som de havde blev overvældet af styrken af

deres vrede og deres sult efter anerkendelse.

Deres konti også foreslået, at nogle svar til barndommen

afvisning hæmmede udviklingen af de moralske begrænsninger

selv. Et svar var at dyrke en defensiv shell , hvoraf en del var en bevidst undgåelse af sympati for andre. Et andet resultat af

den måde, de blev behandlet , var, at nogle blev foretaget til at føle sig skyldig.

Dette, sammen med den generelle mangel på anerkendelse , ikke hjælpe dem

udvikle en god fornemmelse af deres egen identitet og værd.

. 2. overvældende de moralske TVANGSFIKSERINGOGDØD : vrede og følelsesmæssige behov.

Vrede.

Den enkleste kausale rute fra barndommen afvisning til vold går

gennem vrede. En vred efterspørgsel efter opmærksomhed kunne udtrykkes i

barndommen selv.

IQ: Og så var jeg ikke vist nogen hengivenhed, og det fik faktisk til mig

fordi den første dag jeg blev taget i skole af min mor , og derefter

efter at hun faktisk forlod mig til at komme hjem, og det . Og jeg kunne ikke

forstå, hvorfor alle de andre forældre kom og plukke deres

børn op ... Hvorfor kan jeg ikke få afhentet ? .. Det er hvad jeg må have følt ,

fordi jeg vant til, på én lejlighed jeg smadrede alle flasker mælk til

henlede opmærksomheden fra alle dem andre mennesker.

(Questor 17).

En lignende behov til tider lå bag vrede senere i livet, og ofte er det

blev generaliseret ud over dem, der oprindeligt forårsagede den.

Har du har en slags vrede du fik ud af det? N.B : Øh , ja. Hvorfor

var du vred? Um , fordi jeg følte ignoreret , følte jeg mig ensom.

(SORT 12. .)

OA : Jeg har ikke brugt til at føle sig skyldig, fordi jeg havde for meget had indeni

mig til at føle sig skyldig , mod nogen. Imod alle? Mod alle.

Selv folk, der ikke har gjort noget ? Selv mod mennesker, der ikke har gjort noget for mig , ja. Hvorfor tror du, det var? Fordi de havde

hvad jeg ønskede, og jeg ikke har det , så jeg var vred , fordi

de havde det.

(Addison 4).

Sommetider deres konti foreslået, at deres sind , ofre for

deres voksne vold stod i for dem, der havde misbrugt dem .

LJ : Mine virkninger for andre mennesker må have været forfærdeligt. fra min

kriminalitet. Jeg er i for voldtægt . Ja. ... Jeg har gjort en masse tungt arbejde i

grupper. Og den eneste konklusion, jeg kan komme til på det tidspunkt var , at

fyr var min bror og kvinden var min mor . Fordi den dag jeg

kørte op mod mine forældres sted, fordi jeg skulle til at dræbe

dem. Og det er her, mit hoved var . Jeg skulle lige til at tørre dem ud

alle sammen. Jeg troede, at vrede kan gå væk så ...

Vidste du holder i disse dage om at såre folk eller ikke rigtig? Åh,

yeah, plejes jeg , ja. Det bruges til at såre mig meget mig selv, da jeg havde en

pæn sammenhæng går , og det deles op. Jeg ville forbande mig selv hele mere

fordi det var ned til mig . Det var aldrig ned til min partner . det var

altid ned til mig ... Så du gjorde sig om andre mennesker , og hvordan de

filt ? Selvfølgelig gjorde jeg , ja. Men vreden nogle gange bare overvandt

det? Det gjorde, det gjorde, det tog over. Det tog over , du ved . det var

hende, hun ville bare ikke lade mig alene . Din mor ? Min mor, hun

bare ikke ville forlade mig alene , den ene eller anden måde. Og jeg kunne ikke, ligesom

Jeg sagde, jeg ikke kunne tale med folk om det. Jeg bar den hele tiden.

Dette var seksuelt misbrug ? Ja , seksuelt misbrug . Selv når jeg ikke var hjemme ,

da jeg forlod hjemmet og gik ned til London for at leve , hun var der tider. Jeg kunne være i et forhold og går gennem måske et

vanskelig patch , hvilket ville være 9 gang ud af de 10 ned til min skyld. og

det ville være hende , du ved . Hun ville være i dit sind? Hun ville være i mit hoved.

At sige, at jeg var rådne, skal jeg dræbe mig selv, og jeg fortjener ikke at

leve og alle resten af det , og den slags ting ... Når du - du

behøver ikke at besvare eventuelle spørgsmål , hvis du ikke ønsker at men   når du

voldtaget en person var, at vrede, eller var det .. Det var vrede. Det var vrede.

Vrede mod din mor eller vrede mod ...? Ja , vrede mod det

var min mor og min bror , i mit hoved den aften.

(JACKSON 10, 11).

Følelsesmæssige behov og afsavn .

I etik og politisk filosofi , der er en streng af tanke

der siger, at menneskelige behov bør prioriteres højere end tilfredsstillende

andre ønsker . Påstanden er, at gøre velstillede mennesker bedre stillet

bør tage andenpladsen på at eliminere fattigdom af mennesker, der mangler

husly, nok at spise, rent drikkevand eller grundlæggende sundhedspleje. den

visning har indlysende appel , men spørgsmål er blevet rejst om, hvordan man

trække grænsen mellem behov og andre ting , som folk ønsker . den

punkt undertiden , at der er behov for noget for noget andet: en

Huset er nødvendig for , blandt andet beskyttelse mod

elementer og måske mod rovdyr . Et hensyn til de behov , som

skal have prioritet de er for ting , som mad og nogle sundhed

pleje, nødvendigt blot at holde sig i live . Andre ønsker en mere generøs

hensyn til menneskelige behov , herunder om listepunkt , at mens der ikke

vigtigt at holde sig i live , er der behov for en god eller blomstrende liv.

Også dette har appel , men en omkostning kan være udviskning af linjen

mellem, hvad folk har brug for , og hvad de ønsker blot .

Måske nogle udviskning af grænsen er en uundgåelig konsekvens af

det mere rummeligt syn på behov. Men en barndom med vold og

afvisning , som det ses af dem, der oplevede det , er vigtigt her . som

vi har set, den lille gruppe interviewede omfattede så mange, hvis fortid

var ligesom dette. Der var den ene barn i familien udeladt, fordi

der var ikke kærlighed nok til at gå rundt, det eneste dreng aldrig indsamlet

fra skolen og som smadrede mælkeflasker , aldrig den ene givet en

knus men ofte uretfærdigt straffet , den ene konstant misbrugt fysisk

og seksuelt og besøgte en gang i elleve år på hospitalet , den der

havde flugtveje fra vold i familien, med stål bakke og

carving kniv , og den ene , hvis mor var i hans hoved siger, at han var

rådne og skulle dræbe sig selv. Det er svært at undgå den tanke, at

der er menneskelige følelsesmæssige behov såvel som fysiske. for nogle

interviewpersoner , disse behov var uopfyldte , og dette bidrog til

vold. De præciseret nogle af de behov.

BEHOVET FOR AT VÆRE EN nogen.

Ofte afvisning og ydmygelse genereret et behov for anerkendelse

og respekt, et behov som let findes udtryk i vold.

Sommetider vrede ville kombinere med dette.

QA : Med vrede, med hvor kæphøj jeg plejede at være , med øl -it

kogt op og kogt op , og jeg var ligesom et dyr. folk var

bange for mig, og jeg elskede det. Jeg elskede det. Hvorfor gjorde du elsker det?

Det ved jeg ikke. Det var dumt . Var det en slags anerkendelse , respekt ?

Folk plejede at gå " Hej , Quinn " . Jeg plejede at blive bemærket. "Hej , Quinn . " " All

højre , Quinn ? "" Tag en drink , Quinn . "

(ASH 9 .)

Selvom mit spørgsmål kørte sammen anerkendelse og respekt , er de

værd at skelne . (Henvisning til SIMONE BATEMAN .) Måske, den

to, anerkendelse er mere grundlæggende behov . Henseende har at gøre med at have

din status eller værd anerkendt. Men QA her udtrykker et behov for

noget mere grundlæggende end at anerkendelse: at blive bedt om at have en

drikke , blot at blive bemærket på alle snarere end at blive kigget igennem som

hvis ikke-eksisterende. En af de andre adspurgte starter starter

om status og ære , men , når jeg spørger om respekt, korrigerer han mig

og understreger erkendelse , at det er nødvendigt at være nogen snarere end en

nobody :

IQ: Jeg mener, jeg , det var en stor udfordrende ting, fordi jeg havde gjort en masse

væbnede røverier og jeg fik aldrig fanget . Så der var masser af penge

om og hurtige biler og det, og jeg var levende , kunne man sige ,

ekstremt i overhalingsbanen , meget hurtigt . Og jeg følte folk ledte

op til mig ... [taler om da han var yngre] Og jeg havde en masse

voldelige ting gjort for mig , ligesom indvielse i Teddy Boys betød du

skulle have dine ben skåret og ting skete med knive og kram

gerne, at ... Men for mig , der var udfordrende , det var ligesom badges af ære ...

Du siger du ville respekt . Er det rigtigt? Ikke så meget respekt ,

men jeg ønskede anerkendelse. Ja . Jeg formoder, at jeg følte , at tænke over det , jeg

følte, jeg var en ingen, men at være sammen med disse mennesker , jeg var en nogen.

(Questor 14, 17).

Andre havde brug for at være i centrum af ting snarere end på

margener , og for at være godt kendt eller at have en stærk omdømme.

II: Jeg indbrud kemikere fra en tidlig alder (lige under 16) til mange

år ganske vellykket . Jeg havde ingen skrupler om, hvem købte den, hvor jeg

tog det ... Så alle de år siden- Jeg følte god til at kunne gå

ind i en andens hus og det hele ville dreje sig om mig - to

shillings til - dette, og det gav mig en følelse af identitet . Jeg var helt

velkendt inden for området. Vidste du føler, du havde brug for en følelse af identitet ?

Føler du, du kunne lide det? Tja , jeg synes ikke at huske et tidligere

til.

(IBBOTT 3).

OA : Jeg plejede at gå til natklubber på udkig efter slagsmål , på udkig efter

folk til at kæmpe for at forbedre mit rygte . Jeg plejede at gå på udkig efter

mennesker, der havde ry for at tage deres ry væk fra dem og

føje det til mine ... Jeg har ikke brugt til at få en masse søvn , fordi jeg var på

hastighed, men jeg opbygget et ry for mig selv. Hvis der var en kamp,

komme og få mig ... Var det ry fornøjelig ? Ja , var det nødvendigt

for mig på det tidspunkt at have denne omdømme. Hvorfor var det nødvendigt ?

Fordi livsstil jeg førte . Jeg kunne ikke råd til at få

trampet over . Jeg havde ikke råd til folk, tænker de kunne tage P

ud af mig, så jeg havde dette ry , og ingen mennesker gjorde. Folk forsøgte, men

Jeg plejede at ødelægge dem , så folk ikke prøve i sidste ende, fordi

de ville vide, hvad der ville ske . Så jeg havde ry .

(ADDISON 9-10 .)

Nogle gange behovet for respekt fletter ind i behovet for at gøre noget der er umagen værd fra synspunktet for den person selv og

vigtigheden af at bidrage noget til andre:

Hvad vil du gerne om livet i en læge ? N.B : Øh , kan du hjælpe

mennesker , bliver respekteret . Du har fået en titel. Hej , dr så og så . du

føle sig vigtig og folk ser dig som , det er en læge , jeg har brug for nogle

hjælpe , lad os gå og se Dr. XXXX . Føler du, at respekt er noget

du er lidt kort af ? Um , jeg , ja. Jeg føler som om jeg ikke er

vigtigt nok til at nogen eller noget , og jeg synes bare jeg, det er

grund af den måde mine forældre behandlet mig som et barn. Når et barn

vokser op i den tro , at de er [ikke tilladt? Kontrollér] for at tælle for

nok , han , de går rundt opmærksomhed søger , hvilket er, hvad jeg gjorde, jeg

opmærksomhed seeked ... Jeg vil gerne være læge , ikke blot på grund af det

men fordi , øh , jeg har altid kunne lide tanken om at være en sygeplejerske , kirurg ,

læge , der arbejder i skadestuer . Det er at hjælpe folk . Det er en

god stærk job at være i. Det er en god løn , man møder forskellige mennesker,

du hjælper mennesker , og du føler som om du har opnået

noget ved slutningen af dagen, når du går hjem . Du ved, du har gjort

en hård dags arbejde , og du har opnået noget . Du har hjulpet

nogen ud .

(SORT . 6)

Behovet for at blive nødvendig og ønskelig .

Samt at behøve at blive bemærket og at blive set op til , folk har brug

obligationer med andre. Nogle gange er det bare et spørgsmål om at have en gruppe

der giver en følelse af accept og tilhørsforhold.

Jeg var interesseret i, hvad du sagde , hvis du ikke har været i fængsel , du aldrig har boet ... OA : Sorte gå rundt i grupper. De fleste hvide mænd

ikke. De fleste hvide mænd gå med en eller to hjælpere , og derefter ikke holde

sammen, men sorte gør. Når du er i fængsel, er det anderledes. du

holde sammen. Du finder folk fra dit område, du går til gymnastik med

dem, vil du spise med dem, vil du kommunikere med dem. du er

omkring dem hele tiden. Der er en obligation der, fordi du kommer fra

det samme område ... så du bliver gode venner. Mere end det . du bliver

- Jeg ved ikke, hvad er det ord , men du bliver soul- mates ... Jeg gik aldrig

til hæren . Jeg har altid villet . Men jeg formoder, det er ligesom at ... Hvorfor

har du lyst til at være i hæren ? Jeg har altid været ... Jeg har altid ønsket at

gå i hæren , fordi jeg følte, det var noget, jeg ønskede at gøre. det

var en profession . Det var mere end det. Det var som at deltage i en bande , jeg

Antag.

(ADDISON 5).

Men accept og tilhørsforhold er kun en del af historien. Der er en

behov for noget varmere : at være behov og ønskede .

OA : Af den tid, jeg får ud af min ældste - eller min ældste - vil være 18 , så

de kan træffe deres egne beslutninger om, hvad de ønsker at gøre. da min

børnene bliver 18 , om de ønsker at kende mig eller ej, det er op til dem .

Det er deres beslutning. Jeg vil ikke skubbe det på dem. Jeg ville elske at se dem

men de er voksne. Har de holdes i kontakt med dig ? Nej, kun

ældste . Men det er så op til dem. Det er deres liv. Hvis de ønsker at

kender mig, det er fint. De har fået til at leve deres liv på deres måde, og

Jeg ønsker ikke at være , hvis de siger : "Åh wow ! Vi har fået til at gå og se

Dad " . Jeg vil ikke have det . Jeg vil have dem til at sige , "Jeg ønsker at gå ud og se min far " . Men du vil have det meget, hvis de gjorde ? Ja , ville jeg. Ja,

Jeg ville.

(ADDISON 10. .)

Når man ser tilbage på den person, du var før , hvad tror du

du havde savnet ? I.Q : Jeg tror den største ting er at være nødvendig. Behov

for mig selv , ikke for hvad jeg var. Jeg mener, jeg gik i pubben, hvis jeg havde en

masse penge, folk havde brug for mig. Eller jeg troede, at de gjorde, men det var ikke

tilfældet.

(Questor 14).

3. . Forkroebling væksten i sympati.

Barndom afvisning skabte behov, overvældet den moralske

begrænsninger. Men interviewene også foreslået, at det havde hæmmet den

vækst af de moralske begrænsninger selv. Væksten i sympati er

knyttet til at være åben over for andre : at være lydhøre over for dem, og hvordan

de føler. Dette kan blokeres , hvis respons på afvisningen er en

defensiv shell mod at blive såret af andre . Og selv når

kapacitet til sympati har udviklet sig, bitterhed om afvisning og

andre gør ondt kan føre til sympati for andre bliver bevidst

slukket.

Frygten for afvisning og forsvarsmuren.

En række af de adspurgte angav at have opholdt sig bag defensiv

barrierer på grund af en frygt for at blive afvist eller spottede .

Jeg er meget taknemmelig for, at du fortalte mig så meget om dig selv,

om, hvordan du tænker over tingene . Q.A : Nå, kunne jeg ikke år siden, og

Jeg ville ikke år siden. Jeg var i en skal , og jeg ville ikke komme ud af det shell ... Hvorfor tror du, du boede i en shell? Jamen jeg tænkte , at hvis

Jeg kommer ud og blomstrede , ville alle have troet, jeg var ved at blive

sjovt eller noget .

(ASH 9-10 .)

Det er en forebyggende strategi, der nægter følelsesmæssig nærhed ,

afvise andre mennesker først, før de kan skade dig igen med mere

afvisning.

I.Q : Ridicule kommer ind i det så godt. Jeg fik en masse latterliggørelse , når jeg

var barn ... Hvordan er det muligt , jeg bare ikke kender , men jeg vendte fra et

ekstremt stille fredsommelig person bange person til en ekstremt

voldelig person. Du ved . Var der er knyttet til latterliggørelse , blev det undslippe

fra latterliggørelse ? Ja, ' cos, da jeg , efter at jeg blev angrebet , jeg

mente det er det ... Så det var virkelig en form for forsvar ? Åh, ja .

Efter at være blevet latterliggjort , have været ikke elsket meget ? Det er rigtigt ,

du opbygger denne defensive mur , og du behøver ikke lade ingen eller intet

ind i det.

(Questor 15, 16).

En anden version af samme strategi er at gøre ting med henblik på

fremmedgøre folk, så nærhed ikke tilbydes .

II: Jeg har ikke rigtig tilladt mig på grund af et lavt selvværd til

værdsætter jeg vil elske noget eller lade noget komme for tæt på mig i

tilfælde det gør ondt ... Der er altid en risiko for afvisning , at blive såret . var

at noget, der påvirkede dig ? Vidste du undgår relationer eller

ikke ? Jeg tilbragte 25-26 år i relationer, der er meget lavvandet . jeg har

flyttes rundt i landet , der er kendt folk for et par måneder . En eller to af det - hvis de har udviklet sig til mere af en følelsesmæssig slips, jeg har som regel

sagde noget eller gjort noget absurd og vendte dem væk fra mig

som optakt til - godt, ikke komme for tæt , fordi jeg ikke ønsker at være

ondt af dig - og jeg har forventet , at ved at være dum .

(IBBOTT 4, 5).

Nogle gange en undtagelse ville blive til den generelle strategi

foregribende afvisning. Et tilbud om åbenhed, en sjælden revne i

defensiv mur begyndte i barndommen, kan føre til et positivt svar

går imod de pessimistiske forventninger.

Var det lang tid, før du har fundet dem, du foretog nogen følelsesmæssige

obligationer med ? I.Q : Øh , åh, ja, ja , jeg mener , jeg havde en masse

relationer. På et tidspunkt havde jeg tre relationer går på en gang.

Men jeg tror, det var for at bevise mig selv, bevise, at du ved, at jeg var

ønskede eller behov for en vis grad .... Jeg har kendt en ung dame , en dame , for

fire år her og hun er flyttet på nu ... men vi slog relationer op og

Jeg var temmelig overrasket over du ved , hvor åben jeg var sammen med hende . Jeg mener, jeg har

aldrig diskuteret mine forbrydelser med nogen, især patienter , og at ,

og da jeg følte forholdet var at komme til livs , satte jeg mig ned og

sagde se , dette er hvad jeg har gjort , du ved, jeg ikke giver nogen

undskyldninger , det er sådan det er. Og jeg ventede på en afvisning , og jeg

ikke få det. I virkeligheden er det bundet endnu bedre og til det punkt,

faktisk vi fik engageret sidste jul . Du ved , det er hvor stærk den

var . Og jeg var helt , tror jeg, gennem hele mit liv, du ved, jeg har haft en

masser af afvisning derhjemme, og ting , og jeg forventede afvisning ,

så hvad jeg plejede at gøre , snarere end folk afviser mig, ville jeg komme i første .

(Questor 9 .)

Empati, sympati , bringe BLINKERS .

Billedet af den klassiske Cleckley psykopat , der har nogle defekt

der gør ham i stand til at opleve livet som en normal menneske gør,

kunne antyde en medfødt evne til at leve sig med ofrene for hans

vold. Dette billede passer ikke til de interviewede gav

af sig selv. De ser sig selv som have kapacitet til at forestille

de følelser af deres ofre . Vrede eller en generel modvilje mod

andre mennesker førte dem i en af to retninger. Enten var de klar

for at såre andre mennesker, men simpelthen ikke pleje. Eller de undgik

deres egen mulige sorg over de lidelser, de er forårsaget af

bevidst tilsløre bevidsthed.

Svaret af at kende , men ikke omsorgsfulde åbent blev beskrevet.

Du siger du har ændret din filosofi siden kommer ind her . I.Q :

Ja , ja. Hvad var det før? Jeg var en ex - biker , og jeg vil være ærlig

med dig , jeg giver ikke en skid om noget eller nogen . Hvad jeg ønskede

Jeg fik , spadestik konsekvenserne.

(Questor 4).

Har du en forklaring på, hvorfor du kom ind i stilling

begår uanset forbrydelse var det ? F.Ł : Jeg formoder, at det var noget at

gøre med, da jeg var yngre , ved du. Hvilken slags ting, når du var

yngre? Da jeg var barn , fik jeg ramt omkring og sådan noget . hvordan

gjorde , at få dig til at gøre, hvad det var du gjorde ? Havde det gør du

vred , eller hvad? Ja , det gjorde mig vred en masse, og jeg hadede folk en masse.

Når du hadede folk , sandsynligvis har du ting mod dem nogle gange .

Vidste du, hvordan de følte om det, eller ej? Jeg formoder, dengang jeg

ikke virkelig pleje. Du vidste det , men var ligeglad . Er det rigtigt? Ja .

(LORAM 6).

QA : Jeg altid ærligt og virkelig troede ligegyldigt hvad jeg sagde, var

højre - som det ikke var. Det var ikke . Jeg var lige store hoveder , ikke

lytte , var ligeglad. SOD ham . Når du sagde " Sod dig" , gjorde du ikke

bekymrer sig om - hvis du såre nogle mennesker , du ikke ligeglad? Nej , det gjorde jeg ikke

pleje. Hvorfor tror du, det var? Det ved jeg ikke. Fordi du gør pleje

nu , gør du ikke? Jeg tror, det er bare at være kæphøj . Jeg var ikke gad . men

du vidste , at de blev såret, men du var ligeglad. Var det rigtigt?

Det er rigtigt , ja. Jeg var ligeglad med mennesker. Jeg plejede at være lige født

frit det er, hvordan jeg plejede at føle . Ingen kunne skade mig. ingen kunne

røre mig . Men jeg fandt ud af jeg var forkert.

(ASH 6. .)

Nogle gange, gennem vrede , vel vidende om ondt skraverede ind

sigter efter det.

Når du gjorde hvad det var du gjorde , vidste du, det var forkert

på det tidspunkt, eller har du ikke bekymre sig om det? O.A : Har ligeglad, ikke

pleje. Troede du, du var såre andre? Var ligeglad. Nej, ikke

overhovedet. Men du vidste , at du var såre dem og ikke ligeglad? jeg

vidste, jeg var , jeg vidste, jeg var , ja. Og du var ligeglad hvorfor?

De havde såret mig , så jeg forsøgte at skade dem . Right, jeg forstår

det. Undtagen min Ulykke var ekstreme. Jeg gik til ekstremer.

(Addison 4).

Den anden reaktion var at "sætte på skyklapper " . Nogle af interviewpersonerne havde udviklet denne teknik til blanke ud forfærdelige barndomsminder

og anvendes også det, når de gør ondt andre mennesker.

LF: Der er masser af min barndom har jeg udeladt , mener jeg år, og

år. Um , og hvis jeg ønsker ikke at leve op til noget , over en periode

af tid , bare det ikke ske . Jeg tror, vi alle gør det til en vis grad .

Jeg tror, jeg har påberåbt sig det for meget , eller fik også god til det, eller ... og jeg

formoder, det er en slags , jeg kommer til et stadie, hvor jeg bare sætte på skyklapper ,

du ved, jeg bare sætte på skyklapper ... jeg bare vade i. Når du lægger på

skyklapper , er det ikke at tænke på resultaterne , eller ... Ja . Når du er

at gøre det, kan du huske det har været en katastrofe tidligere , eller ej?

Nej, det tror jeg ikke over det. Det er altid bagefter , når jeg sidder tilbage

objektivt og jeg ser tilbage .

(Farleigh , 7-8.)

En måde for ikke at blive bedrøvet ved bevidsthed om smerte , de er forvoldt

at kigge væk fra det.

II: Jeg vil ikke tillade mig selv at passe ti år siden. Så når du siger

ville du ikke tillader dig selv , du vidste, hvad det var som om de var

ondt. Du vidste, hvad de følte , men du ville ikke lade dig selv

gider om det? Ja . Jeg ville afvise det . Jeg ville fokuserer de mig med

noget andet. Hvorfor tror du, du vendte sig bort fra at fokusere på

det? Nå , på grund af smerter , eller en form for smerte . Det er ligesom en

følelsesmæssig tvang.

(IBBOTT 4).

4. . RESPEKT , gengældelse og identitet.

Et andet centralt moralsk tilbageholdenhed er respekt for andre mennesker. respekt er anerkendelse af en persons status eller stående.

En slags respekt er agtelse : at respektere Seamus Heaney som digter er

at tænke meget over, hvad han skriver . En anden version er en anerkendelse af

nogen er status i et hierarki. Der er konventionelle udtryk for

respekt for en persons status , respekt knyttet til høflighed og

undertiden politisk hensyntagen . Soldater udtrykke ærbødighed version af

overholde, når de hilser en officer . Men agtelse og ærbødighed er ikke

de centrale moralske begrænsninger. Moral ofte opfordrer til respekt for

mennesker, vi hverken agtelse eller udskyde til .

Der er skærme af mindre tvungen og mere lige udgaver af respekt

end hilse en officer. Vi anerkender en person som en person, vi kender fra

hilsen dem på gaden . Med folk vi ikke kender , er der

konventionel høflighed at signalere anerkendelse af deres status som

mennesker. Så vi anerkender, at folk har juridisk eller moralsk

rettigheder , og vise dette ved ikke at angribe dem , ikke stjæle fra dem ,

respektere deres privatliv, ikke ydmyger dem og så videre.

Både konventionelt høflig version og respekt for rettigheder kan

udtrykker en dybere og mere generel holdning . Børn , der anvendes til den måde,

de selv hovedparten store i deres eget liv, kan blive ramt pludseligt

med en levende bevidsthed om, at alle andre mennesker , lige så meget som

selv, har et liv at leve og et synspunkt af deres egne. den

liv og synsvinkel for en anden person er så desperat vigtigt

til dem, som mine er for mig. Tanken er en banalitet , men dens gryende

kan være en vigtig del af at vokse op . Den opfattelse af andre mennesker

styret af denne bevidsthed kan kaldes " den dybe holdning af respekt ."

På centrale tidspunkter samme bevidsthed kan gentage sig med livlighed til voksne.

I Putney Forhandlinger i 1647, oberst Rainsborough appelleret til det

når argumenterer for regeringen kun med samtykke : "For jeg virkelig tror, at

de fattigste han , der er i England har a liv at leve som den største

han ; og , sir, synes derfor, virkelig jeg det er klart , at enhver, som

er at leve under en regering burde først af sin egen samtykke til at sætte

sig under denne regering " . Og George Orwell , at udtrykke sin

afsky over at have oplevet en henrettelse , talte om " den

ubeskrivelige forkerthed skære et liv kort, når det er i fuld

tidevand " . Han udtrykte rædsel af at gå sammen med den dømte

mand : " Han og vi var en part af mænd gå sammen , se, høre ,

følelse , forståelse den samme verden ; og i to minutter, med en

smæld , en af os ville være forsvundet - ét sind mindre , en verden mindre. "

Nogle former for respekt og ikke andre.

Nogle af interviewpersonerne havde tydeligvis respekt for folk med høj

position i det sociale hierarki . ("Fordi det er dronningens ejendom ...

Det er den måde, jeg blev opdraget respektere Crown respektere uniform ,

respektere den kongelige familie. ") Nogle af dem havde tydeligvis respekt

udtrykt i konventionel høflighed . ("Jeg sværger ikke foran

hunner ... Jeg er respektfuld. Jeg mener, jeg tror på at åbne døre , og hvis en

kvinde walking sammen , det være sig en patient eller medarbejdere , lod jeg

dem gå gennem døren først . ") og fremtrædende respekt for

rettigheder i deres moralske landskab er blevet bemærket . (" Handicappede

har rettigheder ligesom normale mennesker ... jeg respekterer deres grundlæggende rettigheder. ")

Lejlighedsvis begrundelserne for at respektere rettighederne viste nogle bevidsthed perspektivet af dem, hvis rettigheder er blevet krænket. men

for det meste respekt for rettigheder, var mere en regel - styret stof

end noget rod i bevidstheden om perspektivet af andre.

Hvad var hovedsagelig manglede var den dybe holdning af respekt . for George

Orwell , udførelse betød en verden mindre, og dette gjorde for

ubeskrivelige forkerthed afskære et liv i fuld tidevand. fraværet

af noget af dette er en del af den overfladiskhed nogle af de interviewede '

tanker om dødsstraf . ("Jeg bare se på England. Der er ingen

rum , der er fanger overalt , der er kriminelle, hængende

og det, og jeg regner med, at hvis der var henrettelse dengang, mere

udførelse end normalt , tror jeg, det ville være en mere støjsvage verden at leve

    i.   ")

Respekt og gengældelse : "NOT meget reel for dem selv ."

Afvisning , samt gøre folk sultne efter anerkendelse og respekt

for sig selv, kan også forhindre dem i at udvikle anerkendelse

af de indre andres liv at grunde den dybe holdning

henseende. Det er plausibelt at se alt dette som værende gensidigt baseret .

Folk lærer den dybe holdning af respekt for andre , dels gennem

overholdes selv.

De andre former for respekt kan være anderledes. Soldater, der ikke var

vist respekt i barndommen sandsynligvis lære at hilse officerer. men det

kan formodede, at denne form for "respekt " ikke længe overleve

fjernelse af tvang , der pålægger det. Den dybe holdning

respekt , den indre anerkendelse af moralsk status for andre mennesker ,

muligvis nogle gensidighed for dens opståen .

På et tidligt tidspunkt i projektet , Dr. Gwen Adshead og jeg var

diskuterer de mennesker, vi var ved at interviewe . Mange er patienter af

hendes. Tænker om deres evne til at skade andre , jeg spekulerede på, om

andre mennesker og deres indre liv syntes helt rigtige for dem. hun

troede, at min tvivl kan være rigtigt , men tilføjede , "Nogle gange er de ikke

meget virkelig for sig selv " . På det tidspunkt var jeg fascineret af denne kommentar ,

selvom ikke sikker på, hvad det betød. En mulig sammenhæng mellem en

formindsket fornemmelse af virkeligheden af andre mennesker og en formindsket følelse

af ens egen virkelighed kunne komme fra konsekvenserne af barndommen

afvisning. " Andre mennesker ikke synes helt rigtige for dem" er en måde at

beskriver fraværet af indre erkendelse af moralske status

andre. Og " ikke at være meget virkelig for sig selv " kunne beskrive en anden

konsekvens af afvisning og ydmygelse : den manglende udvikling af en

robust fornemmelse af deres egen identitet og værd - svigt , der skaber

sådan sult efter anerkendelse og respekt .

En af de funktioner, der er anført i " Factor One" af Hare Psykopati

Tjekliste er en " grandiose følelse af selvværd ." Nogle af dem, jeg

interviewede syntes folk, der måske ønsker at give indtryk af

blive virkelig nogen. Men bag dette ofte syntes at være behov for at

være en person snarere end reel overbevisning . Og udtrykket " ikke meget

real til sig selv " ofte syntes at genlyd med ting, de sagde .

Har du et billede af den slags liv, du ønsker at føre , når du

er ude ? LF: Jeg har aldrig haft en normal komfortabel tid, hvor

alt solide alle omkring mig , folk er fast omkring mig ,

bare, at simpel , ved du hvad jeg mener? Hvad mener du med " folk er solid " ? Er, min familie lad mig ned, alle svigtede mig ... Dette er blot

et eksempel. Jeg kom ud og jeg ikke havde haft ingen for omkring 6 måneder, så

min mor , det er en mærkelig sammenhæng , ' cos ved slutningen af den dag, hun er

"Mor " , du ved hvad jeg mener, alle den slags ting, og så siger hun ,

" Du har gjort det rigtig godt, jeg tror, du fortjener en godbid " og derefter ... Jeg har lige

kan ikke, jeg ved, det er ikke rigtigt. Så det bare forvirrer , forvirrende . og

det er, hvordan det har været for lang tid.

(Farleigh 11).

Her er fast er at være nogen, der kan påberåbes , betroede . den

kontrast er med at lade nogen ned . Måske føler denne form for

soliditet i andre mennesker er en del af , hvad der er nødvendigt for at udvikle en følelse

af din egen soliditet og værd.

5. . MORAL IDENTITET OG agentur.

De fleste mennesker , uden at bruge udtrykket , har en følelse af deres egen moralske

identitet. De har et billede af den slags person de er, og nogle

idé om den slags person, de gerne vil være . For meget

heldig eller meget selvtilfredse , de to overlapper ganske meget. for

de fleste af os der er huller .

Ikke alle dele af billedet af, hvad vi er som bidrager til

følelse af moralsk identitet. Vores alder, højde , hobbyer og præferencer for

nogle former for mad, sport eller musik er normalt mindre relevant end vores

billede af, hvor langt vi er ærlige , generøse , lovlydige , modig , venlig,

en god forælder eller en god ven. Det samme gælder for den slags person

vi gerne vil være. Nogle af vores ideer om at (at være en god

svømmer eller har en mindre kaotisk skrivebord), kan have lidt moralsk import .

Det er kun håb eller ønsker anklaget værdier, som er en del af den

følelse af moralsk identitet.

Blandt de vigtigste moralske begrænsninger er disse værdiskabende opladet billeder af

hvordan vi er, eller hvad vi gerne vil være, og især ideer

slags person, vi ikke ønsker at være. "Jeg er ikke den slags person, der

tager bestikkelse. "" Jeg ønsker ikke at blive en person, der forråder sin

venner . "

Identitet og agentur er forbundet. Hvad vi er og hvad vi gør, er

sammenvævet . Vi er alle formet af en masse ting uden for vores kontrol . den

slags person vi er afhænger indlysende måder på gener , forældre , den

kultur, vi vokser op i , og på mange andre faktorer, vi ikke selv gjorde

vælge. Men mange mennesker også spille en rolle i udformningen af den slags person

de er. Denne selv- skabelse antager forskellige former .

Der er den overvejende ubevidst form for selv- skabelse Aristoteles

bemærket. Vi frit vælge at handle på en bestemt måde , og disse aktioner

forme vores vaner. Til gengæld disse vaner hærde i vores karakter.

Så er der valg, som normalt utilsigtet , forme , hvad vi

er ligesom ved at påvirke den personlige verden, vi lever . disse

omfatte valg af , hvem der skal gifte sig eller leve med , valg af hvilket job til

gøre, og hvor man skal bo , valg om at få børn , og mange flere

banale . Og der er bevidste projekter af selv- skabelse. mange

mennesker engagere sig i disse på mindre ende : sigter mod at ændre, hvad de

er ligesom ved at tabe vægt , ved deres valg af tøj eller frisure, ved

selvhævdelse kurser eller ved at læse bøger om hvordan man laver

venner og påvirke folk . Et par har mere større bevidst

selvstændige kreative projekter, der kan engagere dem i år eller et helt liv :

finde selvforståelse gennem psykoanalyse , bliver en olympisk

atlet , blive en god kristen eller muslim .

De værdiskabende opladet billeder af os selv , som vi er , og som vi måske

bliver , har indlysende betydning for større og mere bevidst

versioner af selvstændige skabelse . Men de kan også påvirke den anden

slags, ved at tilskynde til eller afskrække nogle handlinger, der kan forme

vaner og derefter karakter , eller ved at vejlede vores valg af venner ,

partnere eller job . At mangle disse billeder er at have reduceret beføjelser

selv- skabelse og så at miste en central del af at være ansvarlig for

ens eget liv .

DET selvfølelse : lavt og dybt .

Hvor langt var de mænd, jeg interviewede har disse billeder ? nogle besvarelser

til spørgsmålene om den slags person, de gerne vil være var

lavvandet , beskæftiger sig kun med hvilke færdigheder , talenter eller job, de ville

lignende.

Tror du de fleste mennesker har en idé om den slags person, de ønsker

at være? En af de ting .. folk sige er " Jeg ønsker ikke at være den slags

person, der gør den slags ting . Z.C : I nogle tilfælde , jeg slags

Ligesom talentfulde mennesker. Jeg vil give dig et eksempel - Bruce Forsyth . en sådan

stor entertainer , du ved . Han kan spille klaver. Han kan gøre alt

slags ting . Jeg ville ønske jeg var ligesom ham , talentfuld.

(CRINOS 6).

Har du et billede af den slags person du er? Har du en

idé om, enten hvad du er ligesom , eller hvad du gerne vil være?

J.F : Jeg ved, hvad jeg gerne vil være som . Hvad ville du gerne være

ud? Jeg ville gerne være en gangster . Ville du? Hvorfor vil du gerne være

en gangster ? Jeg ville. Jeg vil gerne være ligesom Kray tvillinger. ville

dig ? Hvad er godt ved det? I dunno . Jeg bare ville. De Kray tvillinger

- Tilbage i tresserne , de Kray tvillinger bruges til at stoppe alle overfald og

voldtægter på gaden og holdt gaderne rene .. de fik at vide,

berømtheder og sådan noget . Og de gav penge til velgørenhed.

(FALL 4).

Har du et billede af den slags person, du gerne vil være ? C.Q : Jeg vil

gerne være mig selv, is , der arbejder i restauranter, træne til at være en kok,

det er, hvad jeg gerne vil være .. Eller arbejde for Rådet eller vej

værker , behøver grave op vejbelægninger .. ting som det, du kender.

(Quigley 4).

Overfladiskhed er ikke bare et spørgsmål om at nævne eneste job snarere

end mere værdiskabende opkrævet personlige egenskaber . Der er også

indtryk af ikke mange tanker bag selv valget af ideelle job.

De valg af at være en kok eller laver vejarbejde synes ikke at afspejle

ideer om personlig egnethed til en type arbejde eller den slags

tilfredshed skal søges i et job . De er mere som elementer trukket på

tilfældigt ud af en klid badekar . Eller som Penney Lewis har foreslået mig ,

de kan afspejle et ønske for enhver form for normalt job snarere end en

livet for tilbageholdelse i en sikker hospital. Enten måde, der ikke foreligger nogen

henvisning til en værdi opladet billede tyder på en svag følelse af moralsk

identitet.

Derimod nogle gav svar tyder tanke om personlig

udvikling på forskellige stadier af livet . En mand var meget opmærksom på

at have været fængslet i mange år, og så ikke have haft den

mulighed for at udvikle sig.

Ville du være villig til at sige noget om den slags person , du

tror du var før, og den slags person , du tror, du er nu ,

hvad der er fælles, og hvad der er anderledes ? Q.L : Well indtil mit indeks

lovovertrædelse, der bragte mig ind i Broadmoor i 1971 , boede jeg dybest set en

plan. Jeg har arbejdet , arbejdet hårdt , fik en lønningspose , mødte mine kammerater på

slutningen af ugen , fik beruset , gik til pubber og klubber og til tider

overgivet i nogle smålige tyveri, du kender. Andre gange , lejlighedsvis

fik i en kamp , fordrukken kamp, og denne cyklus gentog sig hver

uge, for år, indtil jeg en dag dræbt nogen og likvideret i

Broadmoor ... Jeg er helt kede med institutionelle liv ... En dag er det

samme som den næste , du ved, jeg er træt af alt det,

institutioner har at tilbyde. Jeg har brug for livs erfaringer udenfor , du

ved, at udvikle sig. Jeg har ikke rigtig fået en chance , du ved ... Jeg er

54 år nu , du ved, hvis jeg var udenfor nu , ville jeg en tendens til at

forbinder med folk, der er i midten af tyverne , som var alder

Jeg blev låst op oprindelig , du ved ... Men problemet er, at folk

i midten af tyverne nu er ikke det samme som de mennesker i deres

midten af tyverne , da jeg var i min midten af tyverne . Jeg har svært ved at komme på

med min egen aldersgruppe. Ved du, hvorfor du finder det svært at komme videre med

din egen aldersgruppe ? Jamen jeg har savnet af alt det udvikling

etaper , du ved, jeg mener folk har , i den tid jeg har været låst

op , folk har haft disse erfaringer, de har fået gift, de har fået børn , har de haft realkreditlån, de har haft ferie i udlandet ,

biler, penge i banken , ferie. Jeg har aldrig haft nogen af disse ting ,

du kender.

(Lawler , 5-6.)

En anden havde tanker om moralske udvikling på forskellige stadier af

liv og hans kommentarer foreslog også en temmelig dyb følelse af moralsk

identitet, som han erkendte at være i konflikt med sine tidligere handlinger .

BF : Du kan ikke få en idé om rigtigt og forkert, som et lille barn. En masse

af , der indebærer , en slags , "ikke råbe på dine forældre " eller " vil du

spise al den mad op, inden du går i seng "eller noget , der er en

grundlæggende forståelse , men ... som du går igennem ungdomsårene , det nytter ikke noget. du

fik til at lære nye regler ... Når du siger lære nye regler , det er at lære

regler , eller er det at tænke over , hvad du virkelig bekymrer sig om , eller hvad er

det? ... Jeg tror, at , øh , du se, hvordan du ønsker at passe i. Du lærer at

opføre sig hensigtsmæssigt , at fastholde den position. Og , øh så tror jeg ,

is , den Heftighed barndommens må vige og måske i første omgang

så er det et spørgsmål om reglerne læring ... men der stopper ved at blive

bevidst ganske tidligt. Jeg tror, du bliver, hvad du ønsker at blive.

Det er mig , det er sådan jeg ønsker at opføre sig , dette er hvad min samvittighed

fortæller mig, fordi det er her, jeg ønsker at være. Har du et billede af

hvordan du ønsker at blive ? Um , yeah, jeg har ideer til, hvordan jeg gerne vil være i

samfund, og hvordan jeg ville gerne svare på mennesker. Jeg mener min egen self . Er,

Jeg tror nogle gange min , øh . Jeg har været uvidende, jeg ikke reagere med en

samvittighed , som det var , og jeg vil gerne fortryde , der virkelig og opfører sig som

en mere is , human person, hele vejen rundt rigtig.

(FELLOWS 4-5.)

Nogle gav svar , hvis dybde eller overfladiskhed var svært at klassificere.

Har du et billede af den slags person , som du tror , du er? Hvis

du skulle beskrive dig selv ... hvad ville du sige om dig selv ?

NB : Øh , den slags person , der tænker om andre mennesker før

mig selv ... Jeg bekymre sig om andre mennesker, før jeg bekymre sig om mig selv ... Så

har tendens til at forlade mig som en meget ned, fordi jeg har en tendens til at bruge alt, alt ,

hvad jeg har inde i mig at give til andre mennesker og efterlade mig med

ingenting. Um , øh, jeg er meget vel talt , når jeg ønsker at være. Um , jeg bruger øjet

kontakt , når nogen taler til mig . Um , og jeg er en behagelig, lys

unge. Ja. Jeg har en side til mig, hvor jeg ikke kan lide bøller . jeg

kan ikke lide mobning mennesker. Jeg kan ikke lide myndighed. Fordi en

vis grad , um, jeg kan ikke lide at blive presset ... Jeg kan lide en masse af

plads omkring mig .

(Black 5).

Denne konto , med udgangspunkt i de værdi -ladet karakteristika

relevante for moralsk identitet , har også antydninger af overfladiskhed . der er

sådan en stærk følelse af at være en selvopofrende altruist at én

vidundere hvor meget kritisk tænkning eller selvbevidsthed er gået ind i den

konto. Og der er en antydning af tilfældighed i kommentarerne omkring øjet

kontakt , blive behageligt og være veltalende . Der er en vis følelse af

moralsk identitet udtrykt , men på en måde , der rejser tvivl om

om selvbevidsthed er akut .

Forkroebling væksten af MORAL IDENTITET : skyldfølelse og selvhad .

Er der nogen fingerpeg om, hvorfor den følelse af moralsk identitet undertiden undlader at udvikle eller udvikler kun i forkrøblede formular? Hvor gør en

lavvandede følelse af selv kommer fra? Nogle af de interview svar citeret

tidligere har foreslået, at der vises forbindelse er vigtig for

at udvikle en robust fornemmelse af din egen identitet. Men nægtes

respekt er ikke det eneste, der holder væksten af en følelse af ryg

selv. Gøres til at føle skyld, at føle sig dårligt om dig selv, kan også

spille en rolle. Nogle af interviewpersonerne havde oplevet en masse skyld .

Hvilken slags ting du blev foretaget til at føle sig skyldige over ? I.I : Jamen

- Undskyld - onanere og tingene ... Så du blev foretaget til at føle sig skyldig

om det? Meget. Men du siger, at du skubbet skyld ud af

dit sind egentlig? Nå , ja. Jeg ignorerede det . Jeg valgte at ignorere det

fordi det gjorde mig føler sig dårligt .

(IBBOTT 3).

Nogle gange blev de lavet til at føle sig skyldig , selv for ting andre mennesker

havde gjort ved dem.

LJ : Jeg hadede mig selv for de ting min mor gjorde for mig og trin

bror. Um , jeg troede, det var min skyld. At jeg var den, der

gjorde forkert .

(JACKSON 8).

At være lavet til at hade dig selv er næppe et godt grundlag for at udvikle en

følelse af moralsk identitet. Denne belastning af skyld i barndommen rejser også et

spørgsmål om den "manglende skyld " i Cleckley billede af

psykopat , og som er en del af " Factor One" i Hare Psykopati

Checkliste. Er denne overbelastning af skyld i barndommen deaden

evne til at føle skyld senere i livet? Eller er den voksne fravær af skyld mere tilsyneladende end reel ?

Nogle følte sig dårligt nok om sig selv til at føle sig anklaget selv for ting

de ikke har gjort .

Har du nogensinde føle sig skyldige over tingene ? N.B : Jeg gør, hele tiden , ja.

Virkelig ? Um , hvis nogen spark i et skab i spisestuen eller nogen

skriver noget på væggene, og fordi ingen kender ... der gjort det,

Jeg sidder der at føle sig skyldig , tænker jeg håber de er ikke alle ser på

mig.

(SORT 4).

Når de interviewede talte om , hvorvidt de havde følt sig skyldig , når

eller lige efter , de havde begået deres forbrydelser , de gav meget

forskellige konti . Nogle passede Cleckley - Hare billede af at have

være skyld-fri . Men de gav forskellige konti , hvorfor dette skulle

været så . Nogle mente, at de havde begået forbrydelser uden ofre, og så

ikke føler sig dårligt om hvad de havde gjort , men sagde, at de ville have

følte sig skyldig , hvis de havde skadet nogen.

Har du nogensinde føle sig skyldig over noget, du har gjort? N.B : Øh ,

(tøven) Nej, nej . Du ville ikke føle sig skyldig over det ? Du ville ikke

føler sig dårligt om at have gjort noget ? Jeg formoder, at jeg ikke føler sig skyldig

fordi jeg aldrig har begået en forbrydelse , hvor jeg har bogstaveligt påvirket

nogen, ligesom jeg har brudt ind i en andens hus og stjålet alt ...

Fordi jeg har stjålet fra en office blok ... er det faktisk ikke påvirker

nogen, det er bare fordi det ikke hører til nogen, det er ikke

understreger nogen ud . Men ville du ligeglad med, om du stjal fra en person

du vidste ? Ville du føler dig dårligt om det ? Jeg ville , ja.

(SORT 4-5.)

Andre sagde, at enhver tendens til at føle sig skyldig blev overvældet af

had de følte .

Nogle mennesker tror, at den måde din samvittighed fortæller dig noget er

forkert er, at du føler dig dårligt om det . Men andre mennesker tror, at det,

du føler dig skyldig om, er bare et spørgsmål om den måde, du blev bragt op .

O.A : Ja , jeg tror det er sandt på begge konti . Det afhænger af den måde,

du blev bragt op , hvad du er opdraget til ... hm ... det er ... yeah ... Jeg

mener, har jeg ikke vant til at føle sig skyldig, fordi jeg havde for meget had indeni

mig til at føle sig skyldig , mod alle.

(Addison 4).

Andre sagde følte en masse skyldfølelse senere , på grund af at skulle konfrontere

hurt , de havde forvoldt , men sagde, at på det tidspunkt, de havde undgået

skyld ved at lægge på skyklapper .

Hvis de ikke har gjort dig på alle glade , de har såre andre mennesker og

de har såret dig, de har såret dig , dels fordi de har såret andre

mennesker, og du føler dig dårligt om det ? O.A : Er, yeah, men så, det er ligesom ,

dens , jeg mener, hvis du ikke kender den person , ved du , hvad jeg mener, du

retfærdiggøre det , godt du ikke retfærdiggøre det, behøver du ikke se dem. Ja. jeg mener

Jeg husker, da jeg ondt denne fyr i fængsel, og hans mor var i retten

og hun græd , og at jeg følte , det var forfærdelige, jeg følte mig så

forfærdeligt. ' Cos hun var der, og jeg kunne se, hvad hun gjorde. men

øh, det er ligesom et blinklys ting , du ikke ser . Når du har handlet dig

blev , som du udtrykker det , snæversynet , har du ikke tænke på

konsekvenser for mennesker ? ... Men børnene, når de først begynder at gøre det, ligesom hvis de bryder i et eller andet sted og Nick ... de skal vende folket,

'CO'er der er ikke noget værre end at blive vanæret helt op til nogens

ansigt. Jeg mener ingen kan lide , at det er forfærdeligt . Så det er ikke bare

ondt af den person, der er såret , er det også føle skam

om hvordan ... Ja, Ja, men det hele , det hele, er at se dem ,

se udseendet på deres ansigter.

(ADDISON 13. .)

Nogle sagde, at de havde følt sig skyldig på det tidspunkt, men ikke havde indrømmet det.

QA : I tilfælde af faktisk mord , er jeg enig med hængende . jeg

har dræbt to gange to mennesker , og jeg glemmer det aldrig . Jeg gjorde ikke blot

skade dem . Jeg såre deres familie mentalt, ikke fysisk, men mentalt,

og deres kære. Jeg tog dem væk fra deres familier og

alt ...

Føler du dig skyldig over , hvad du gjorde i disse dage? Jeg føler mig skyldig

om alt, hvad jeg har gjort. I disse dage, du følte sig skyldig , men

ville ikke indrømme det ? Ja. Jeg følte sig skyldig , men jeg ville ikke indrømme det. jeg var

for stolt . Jeg plejede at gå væk og sige: "Jeg var ude af rækkefølge der " til

mig selv, men jeg ville ikke sige det til nogen andre, men nu gør jeg. "

(ASH 5-6.)

En, der gav udtryk for stærke følelser af skyld nu , men han sagde ikke havde

følte sig skyldig på det tidspunkt , var uartikulerede om, hvorfor det havde været så .

På hans konto på det tidspunkt, han synes at have været fuld af konflikter.

Selv om han benægtede at have følt skyld , sagde han, at han havde forsøgt at stoppe og

havde følt afsky med sig selv.

LJ : Så handling af voldtægt er voldelig nok , for Kristi skyld , du kender. Men selv når jeg gjorde , at jeg stoppede pludselig , du ved .

Hvad , hvad jeg laver her ? Hvad sker der? Du ved . Jeg forsøgte at

gør svage undskyldninger til kvinden , dumme latterlige undskyldninger til

kvinde , du kender. Og jeg kørte dem op til en af de tankstationer ved motorveje

og parkeret foran en politibil , der var sad der . Og det var

det. Jeg var bare helt væmmes med mig selv. Jeg fik ikke en pokkers

ting ud af det. Jeg mener, seksuelt , gjorde det ikke noget for mig på

alle. Gudskelov. Men nu tænker jeg , godt du ved, jeg mener, jeg har

forsøgte at , alt hvad jeg kan håbe på er , at kvinden godt kvinden ikke

stadig kvaler om det. Forhåbentlig har hun været i stand til at komme videre med

hendes liv og sætte det til side. Det er klart, vil hun aldrig glemme det. jeg

ikke ville glemme det ...

Jeg mener det er ikke bare påvirket hende , er det påvirket hendes familie og

venner og den slags. Disse ting , behøver du ikke tænke over. jeg

ikke tænke på dem alligevel. Jeg gør nu. Jeg mener, der var tidspunkter, hvor

Jeg ønskede jeg kunne se hende igen. Ja. Du ved , en slags , ikke undskylde

præcis men slags ... Føler du dig en smule dårlig samvittighed over det ? Ja, jeg gør

føle sig skyldig over det. Vidste du føler dig skyldig over det i disse dage? du

siger, du er en anden person. Nu er du en person, der føler sig skyldig

om den slags ting . Følte du dig skyldig i disse dage om

ting, du gjorde , eller ikke særlig ? Ikke rigtig . Hvorfor tror du, at

var ? Det ved jeg ikke. Jeg har ingen idé .

(JACKSON 11-12.)

SELF -creation og manglende KONTROL: den gode side og det dårlige side.

Nogle interviewpersoner mente, at de havde været meget i ansvaret for deres eget liv :

IQ: Jeg har altid brugt til at føle, at der er tre kategorier af mennesker i

fængsel og disse virksomheder . Der er den triste , det gale og de dårlige.

Jeg føler også, at du passer ind i en af dem , og jeg har altid klasse selv

som de dårlige. Ikke ked af det, ikke den gale , men den dårlige ... Jeg mener , jeg valgte

rute , jeg har taget , udelukkende mig selv. Jeg mener, ingen siger til mig , Joe, har du

fik til at gøre dette, er du nødt til at gøre det . " Jeg har valgt det , så virkelig mit

skæbne som sådan blev lagt ud af mig. Det er ikke blevet lagt ud før og

sagde, " Okay, din skæbne er at ende i Broadmoor i 30 år

tid. Jeg mener, jeg gik faktisk den vej, der førte mig her . Du ved,

ingen skubbede mig sammen .

(Questor 13-14 .)

Men rapporter om ganske ofte ikke føler i kontrol var hyppigere :

JF : Nogle gange i min knibe , jeg ved, jeg gør forkert , selv når jeg

ved, at jeg skal gøre det rette. Selvom jeg gør forkert , jeg kan ikke stoppe det.

(FALL 6 .)

Du vidste, at andre mennesker at hade hvad det var . Du gjorde det ikke

ønsker at vide om det. Hvad smerte var du beskytte dig selv fra?

II: Det er næsten sker med mig overalt , jeg får en psykologisk

indtryk , kan følelser ikke være rigtigt , og det er bare en hjælpeløshed.

Det er en følelse, der ville føre til en form for intensitet , at det

ville skubbe mig ud over kanten . Jeg ville ikke være i stand til at klare.

(IBBOTT 4).

LF : Jeg kan ikke , jeg mener, jeg ved, det er, hvad jeg skulle , jeg mener jeg

ikke nødvendigvis gøre det selv , fordi jeg altid har tendens til at gøre masser af

fejl og rod op ... Jeg ved virkelig , når jeg ser tilbage på disse ting , jeg ved, hvad jeg har gjort var forkert, men fører op til det jeg ikke

altid gøre det rigtige , jeg tror ikke engang , så jeg tror ikke, der er

beslutningsprocessen der .

Og du føler, du ikke ved, hvad du vil? Nej, jeg ved, hvad jeg vil,

og jeg , det bare ikke synes , øh, en slags virkelighed. Synes ikke som

selvom du ved , jeg kan komme der.

Det lyder som om du ønsker at være venlige , men nogle gange har lidt

besvær med at kontrollere ... Ja, jeg ved, det er den ting , jeg ved, hvad

Jeg ville gerne være, og vide, hvordan jeg skal handle , men det hele virker bare at gå

ud af vinduet .

Det forekommer mig, at du har fået en ganske stærk følelse af ret og

forkert, men det er ikke altid let at anvende det i dit liv . men at sætte

det i praksis , er jeg ikke , jeg ved, hvad der er hvad , men jeg gør ikke , jeg kan ikke,

Jeg er ikke meget i stand til at sætte det i praksis.

(Farleigh 3 , 5-6 , 9, 14-15).

Aktion i hast eller i et øjeblik af raseri kan tage en andens liv

og ødelægge deres egne.

BF : Det hele sker i episoder , men ... selv om vi er her for en

grund i det hele , øh det er ikke som om ... grunden overtog de fleste af

vores liv . Sådan da , forekomster af et minut , fem minutter, ved de fleste eller

noget bringe os her .

(Fellows 11).

Et rapporteret træffe beslutninger hurtigt, og derefter handler på dem meget

senere, men uden yderligere tanke mellemliggende :

Er disse meget forhastede beslutninger taget i en stemning af stærke følelser ? L.F :

Ja , også , forhastede beslutninger, der kalibreres slags dage eller uger,

ved du hvad jeg mener? Det er en forhastet beslutning , selvom man nogle gange

forvente en forhastet beslutning om at være ligesom to sekunder senere du gå ud og

gøre det, du tror , du derefter gå ud og gøre det. Men jeg kan lave en forhastet

beslutning om noget, og derefter slags gøre det to uger senere. D' dig

ved hvad jeg mener ? Uden , og ikke i mellem tænker ...

(Farleigh 7-8.)

Nogle af disse regnskaber ikke er fuld kontrol har resonans

uden for denne gruppe. "Jeg ved, jeg gør forkert , selv når jeg ved, jeg burde

gøre lige "er en oplevelse de fleste af os har. Men tilsammen

kommentarerne tyder på en meget stærkere følelse end normalt af at være

besejret i en intern kamp : "Det hele synes at bare gå ud af

vindue "," synes ikke som om jeg kan få der " , en hjælpeløshed,

" Ville skubbe mig ud over kanten . Jeg ville ikke være i stand til at klare. " En stærk

form af denne følelse af intern kamp og nederlag blev fundet i en

informant , der så sig selv som at have en god og en dårlig side , og sav

tab af kontrol som sejr dårlige side over god .

FV : Mit hoved -its alle rodet op , og jeg fik som en god side af mig

der taler til dig nu, og så er der en dårlig side af mig , og da

den side kommer ud Jeg føler mig ikke skyldig eller noget .. Så selvom

Der er to sider af dig , hvilken side der er den virkelige dig ? Den ene , du er

taler med nu. Er det rigtigt? Så hvis nu du kunne dumpe din dårlige side

ville du gøre det? Ja . Fordi jeg er som et dyr . Ligesom jeg siger, jeg

angribe folk for ingenting. Og når du er på den anden side, vil du

dumpe din gode side ? Det er ligesom en kamp . Da jeg stak denne pige , omkring ti minutter , før jeg gjorde det, havde jeg denne store kamp i min

hoved går på og -ikke gør det, gør det, gør det, gør det , og sådan.

Den gik på og på og i sidste ende jeg gjorde det. Men efter at jeg gjorde det, var det

ligesom en brummer, du ved hvad jeg mener. " Han sorteres tæven ud" og kram

sådan. Jeg kan se , du sorteres tæven ud, og det gav dig en brummer . så

den dårlige side kan lide den slags buzz . Yeahs - den dårlige side lide

vold at få min egen ryg og den slags. Den gode side -it

bare ønsker et normalt liv. Men det er ligesom en stor kamp. Nogle gange har jeg

tabe, fordi jeg havde en kamp for et par uger siden, og den dårlige side var

overtage en masse og sygeplejerskerne så det så godt. Men du behøver ikke tænke

den dårlige side er den virkelige dig, så ? Hvor kommer den fra ? Jeg gør ikke

kender.

(Vernon 5).

Det er altså meget langt fra vellykket selv- skabelse. Men nogle

interviewede brugte psykiatrisk hjælp i forsøget på at ændre

selv. Men indsatsen kan synes en kamp mod enorme odds .

AO : Jeg kender nogle af de tanker , jeg har , er forkert, og nogle af de

ting, jeg har tænkt over og sagde , og ønsker at gøre , er forkert. Så jeg ved,

at jeg tænker forkert , eller gør forkert . Hvad gør du føler dig skyldig

om det, eller hvad gør du ved, at det er forkert ? Jeg tror ikke, det er

at jeg føler mig så skyldig. Det er mere at - jeg ikke kan få det ud af hovedet , for

startere . I første omgang , selvfølgelig , vil det ikke gå væk, og jeg kan ikke sove . det

gør mig rastløs. Det bare spiller på mit sind ... Det bekymrer mig, at

til sidst vil jeg gøre disse ting, og jeg ønsker ikke at særligt

ønsker at - svært for mig faktisk til at sige "nej" til dem ... Er du har tanker om at angribe mennesker eller om sex ... De omfatter kidnapning,

voldtægt og vold og mord, så ... Hvis du kunne vælge ikke at have

disse tanker ... Jeg forsøger at . Det er et valg, jeg har allerede

gjort , at jeg prøver ... Det må være meget svært at gøre det. Ja . på

det øjeblik, jeg prøver kemisk kastration , at arbejde på fantasier ,

som vil gøre op med sex og mord / vold fantasier,

Jeg har, men jeg er ikke at have en stor succes med det.

(Orts, 4-5.)

Sommetider en af de interviewede , på trods af den indre konflikt og

på trods af de frygtelige ting gjort i fortiden, havde en sikker

følelse af moralsk identitet: en tro på, at deres gode side var den egentlige

person, selv hvis i fortiden det var blevet tilstoppet .

Du siger hvad du gerne . Du vil se efter din mor .

Du kan også sige, at du gerne vil have - du siger , plads til at være mig . O.A :

Ja , plads til at være mig . Hvad betyder det? O.A : (griner) Hvad betyder det

betyde ? Tro det eller ej, jeg er en meget følsom og kærlig person . jeg

vil gerne være i stand til at vise nogen, at jeg kan elske og passe

dem .. Tror du, du altid har været en meget følsom og kærlig

menneske? Det har altid været der. Jeg har netop nægtet det . Jeg har lige gemt

det, vi siger.

(ADDISON 9 .)

KAPITEL FIRE : TO fortolkningsproblemer.

Der er to oplagte metodiske problemer for disse interviews.

Hvor langt kan svarene på mine spørgsmål accepteres som sandfærdig ?

Og hvis de fortolkninger af, hvad de sagde er rigtige, hvor langt er psykologi beskrevet særligt for folk med deres diagnose ?

(Der er også en tredje , meget dyb, spørgsmål . Hvad er en passende

holdning til denne gruppe af mennesker ? Deres tragiske liv vække sympati i

en interviewer . De har også gjort forfærdende ting til andre mennesker

der ikke er til stede for at vinde sympati . Er der en følelsesmæssig balance ,

mellem barske ignorere sorg af patienternes eget

ødelagte liv og en sentimental sympati , der kobler ud , hvad de gjorde

til andre? Disse spørgsmål vil blive sat til side her indtil den del af

bog om " psykiatrisk lidelse , kontrol og ansvar" .)

SPØRGSMÅLET OM SIKKERHED .

Centralt i Cleckley hensyn psykopaten er billedet af

nogen skibsmanøvrering og manipulerende. Dette ry strækker sig til dem, der i

den bredere kategori af antisocial personlighedsforstyrrelse. Så der er

en indlysende metodisk problem. Kan tingene sagt i interviews

have tillid til ?

Normalt vil en beslutning om, hvorvidt at stole hvad nogen siger trækker på

to kilder. Der er en intuitiv " læsning " af person, baseret på

sådanne fingerpeg øjenkontakt, opførsel, tonefald og valg af

ord. Og der kan være uafhængigt bevis , hverken om, hvad der er

sagt eller om personens troværdighed.

I disse interviews en intuitiv læsning var ikke altid let. i en

eller to tilfælde , jeg følte, at de kolde, upersonlige svar gav ingen anelse

om deres troværdighed. (Medmindre denne type reaktion er i sig selv en

underskrive af utroværdighed , men det synes ikke indlysende.)

Lejlighedsvis , stemme terapeut syntes hørbare. siddende

overfor en meget hård udseende mand , kan det bekymrende at høre ham

taler om nu at være mere i kontakt med sine følelser.

For det meste fik jeg intuitive indtryk. Men først var der

en barriere for at bryde igennem . Ankommer til Broadmoor , får jeg en stor flok

nøgler - til låst perimeter porten og til de låste døre på

vej til afdelingerne. Ankommer på afdelingen , går jeg til sygeplejersken . han kalder

patienten og tager os begge til interviewet rummet. Så jeg synes , ligesom

en fangevogter med en klirrende bundt nøgler på mit bælte , i selskab med

nogen sandsynligvis set som en myndighed tal . Og sammenlignet med mange af

de mennesker, jeg interviewe , kan den måde, jeg taler afspejle forskelle i

social klasse og uddannelse. Det kan minde dem om tidligere møder med

skolelærere , advokater eller dommere.

Jeg forsøger at nedbryde barrieren, men det tager tid. Før du forlader ,

sygeplejersken kan have sagt rask , " Robinson, du har fået en forskning

interview. Kom i interviewet rum. " Når vi har siddet ned

sammen, jeg siger : "Mit navn er Jonathan Glover . Jeg er glad for at blive kaldt

Jonathan . Vil du have mig til at kalde dig Mr. Robinson eller Frederick ? "

Normalt svaret er i retning af " Fred vil gøre ." den

interviewede har oplevet en kort redegørelse for projektet og har givet sit samtykke

til interviewet . Men jeg præcisere , at jeg ikke er kommet til at spørge om

hans lovovertrædelse . Jeg er kommet for at spørge om, hvordan han tænker

nogle spørgsmål om rigtigt og forkert, og at han ikke behøver at

besvare noget , han ikke vil. Men hidtil lidt er gjort

at reducere højden af barrieren.

Normalt atmosfæren bliver bedre i løbet af timen eller så den interview. Jeg stiller spørgsmål på en måde håber jeg, er både venlige og

respektfuld. Til en vis grad synes at opvarme til at blive spurgt om, hvordan

de tænker , og hvordan de ser tingene . Med lidt held , kan det komme på tværs af det

Jeg virkelig finde , hvad de siger meget interessant.

Jeg sætter min båndoptager på bordet mellem os og tænd for den.

Fordi jeg er uduelig med sådanne ting , efter et minut eller to, jeg siger ,

"Lad os lige tjekke , om denne ting virker " . Nogle gange finder jeg ingenting

har indspillet og derefter rode rundt med det temmelig inkompetent . den

mand modsat ser på mig med stigende skepsis og så siger

noget lignende, " Nej, nej, ikke sådan. Her lad mig gøre det " , og derefter

arrangerer det, som det burde være. Det er ikke noget, jeg kunne (eller ville

ønsker at) oprette bevidst , men dens happening hjælper tingene sammen .

Som barrieren bryder lidt , jeg begynder at få nogle intuitive

indtryk af personen. Indimellem tror jeg , jeg hører en falsk tone i

hvad der bliver sagt . Når dette sker, er det som regel knyttet til en følelse af, at

den person, der taler mener fejlagtigt, at gøre et godt indtryk

på mig kan hjælpe hans fremskridt i retning af frigivelse . (Hvis han gør tro det,

Det er på trods af forklaringer, som jeg ikke er knyttet til Broadmoor

personale.)

Men for det meste , øjenkontakt , de udtryk for ansigt og

tonen i stemmen tyder ægthed. Et par af dem, jeg ser, er helt

svært at komme til at tale ved enhver længde . De synes meget umælende , eller

ellers befippet ved den nyhed eller tilsyneladende særhed af spørgsmålene.

Eller der er mulighed for, at deres flydende tale kan have

forkrøblede i deres års indespærring . Intet af dette virker som en vildledende positur. Men disse er en minoritet. De fleste af de andre kommer til

synes ganske glad for at blive spurgt disse personlige spørgsmål om deres

værdier og deres synspunkt , og at lide at blive lyttet til. de

ofte over-ride , hvad jeg har sagt om interviewet ikke at handle om

deres lovovertrædelse . Undertiden synes de ivrige efter at diskutere det , som

hvis der er noget , de er ivrige efter at udtrykke. Og ofte , uden

bliver spurgt , er der ting , de synes at ville hælde ud af om

deres barndom. Med alt dette, hvad sommetider kommer på tværs er en

kvalitet drevet i , hvad de siger . Det synes følelsesladede snarere

end beregnet .

Selvfølgelig kan den glimrende vildledende Cleckley psykopat komme

løbet som denne . En fare for at blive alt for påvirket af Cleckley

billede af den manipulerende kon- mand er, at det kan gøre det umuligt

for noget nogensinde at tælle som bevis mod den. tegn normalt

hvilket tyder på en løgner er taget for at bekræfte uærlighed, og skilte

normalt tyder ærlighed er taget for at bekræfte glimrende

manipulerende skuespil. Hvis Cleckley billedet er at være sårbar over for

mulige beviser mod det der skal være en vis mulighed for en

fortolkning , der til tider tager signaler tyder ægthed ved

pålydende værdi. Vi alle står over for problemet andre sind hele tiden. vi

alle "læse" hinanden , og vi aldrig vide med absolut sikkerhed, at

en bestemt læsning er korrekt. Men en masse af den tid, vi har

rimelig god grund til vores fortolkninger , trods det faktum , at vi

sommetider uenige om, hvornår dette er tilfældet .

Med de mennesker, jeg interviewede , der undertiden uafhængig

beviser. Et oplagt Cleckley type tanke er om de konti, de

gav deres desperate barndom . Konfektion historier af denne art

kunne være et oplagt trick for at vinde sympati og at undskylde sig

fra ansvaret for de forfærdelige forbrydelser , de har begået.

Psykiatere , der arbejder i Broadmoor - ikke en gruppe mange ville mistænke for

liggende at forbedre deres patienters omdømme- har sagt i samtalen

at det store flertal af deres patienter , 80% eller derover , har haft en sådan

barndom .

Selvfølgelig , for meget af det, de siger, er der ingen tilgængelig kontrol ved hjælp af

uafhængige beviser . Intuitivt tingene sagt syntes hovedsagelig - men

ikke altid er ægte . Sådanne fortolkninger er til en vis grad

subjektive, og dem, der læser svarene citerede undertiden kan foretrække

deres egne fortolkninger til dem, der foreslås her .

Hvor langt er der psykologi , der kommer kendetegnende for asocial

Personality Disorder ?

At interviewe disse mænd var at forsøge at få et glimt af de dele af deres indre

lever for at gøre med deres værdier , moral og samvittighed . Men selv hvis

billedet her er nogenlunde rigtigt, hvordan forskellige er deres indre liv

fra de mange andre mennesker ? Det er blevet foreslået, at deres

indeholde en kommando moral, ideer primitiv retfærdighed , vrede,

overfladiskhed moralsk tænkning og en overfladisk opfattelse af sig selv ,

en tendens til at sætte på skyklapper , og bygningen af en defensiv mur

mod at blive såret eller ydmyget af andre mennesker. Men hver af disse er

findes i mange, der ikke har nogen psykiatrisk diagnose. Hvad er

konsekvenser heraf for nytten af den konto , der opstår

fra interviewene ? Og hvad er konsekvenserne for nytten

af kategorien af antisocial personlighedsforstyrrelse ?

Tag en af de åbenlyse funktioner i deres indre liv . En af dem

sagde, "Du opbygger denne defensive mur" . Men er det virkelig en

karakteristisk reaktion af denne gruppe af mennesker ? Ted Hughes skrev

noget i et brev til sin søn Nicholas , som kan finde et ekko i

mange mennesker . Han nævnte en følelse af utilstrækkelighed mennesker har følelsen

for ikke at have en stærk nok ego til at håndtere indre storme. han er knyttet

dette til den sårbare barn stadig inde i hver af os:

"Alle forsøger at beskytte denne sårbare to tre fire fem seks

syv otte år gamle indeni, og at tilegne sig færdigheder og evner til

beskæftiger sig med de situationer, der truer med at overvælde den. så

alle udvikler en hel rustning af sekundær selv, kunstigt

konstrueret væsen , der beskæftiger sig med den ydre verden, og knuse af

omstændigheder. Og når vi møder mennesker, det er, hvad vi normalt mødes ...

Det er, hvordan det er i næsten alle. Og den lille skabning er

sidder der bag panser , kiggede gennem spalterne ... Hver

enkelt person er sårbar over for uventede nederlag i denne inderste

emotionelle selv . På ethvert tidspunkt , bag den mest effektive tilsyneladende voksen

eksteriør , hele verden af personens barndom bliver omhyggeligt

afholdt som et glas vand svulmende over randen. "(ISÆR

CHRISTOPHER REID (red.) : Bogstaver Ted Hughes, LONDON, 2007 SIDER

513-514 .)

Selvfølgelig betyder vidnesbyrd Ted Hughes ikke garantere, at

alle udvikler en defensiv mur : " en hel rustning af sekundær selv " . Men hvis mange af os med at besvare hans tanker med nogle

anerkendelse , dette tyder på , at den defensive mur kan beskytte

langt flere mennesker, end der har diagnosen antisocial personlighed

lidelse. For at finde ud af, hvor mange andre mennesker, og at finde, om det

væg er mere almindelig eller er stærkere i dem med diagnosen , ville

brug subtile empirisk undersøgelse.

Hvis disse interviews havde haft en kontrolgruppe , ville det have været

det er muligt, i det mindste i princippet , for at se , om den defensive mur var

mere udbredt blandt Broadmoor gruppen. Men i praksis ville der

stadig har været vanskelige spørgsmål om fortolkning. forskellige kontrol

grupper kan generere forskellige grader af kontrast eller endog

Forskellen mellem nogle kontrast og ingen overhovedet. Og hvor langt er

usynlighed enhver defensive mur et tegn på, at der ikke allerede eksisterer ? Eller hvor langt

betyder det tyder på dygtighed, hvormed væggen selv kan være

defensivt skjult ? Nogle af disse muligheder bringe en

fordel af at tænke på mennesker med psykiatriske lidelser i form af

holdninger til forskellige dimensioner af den menneskelige psykologi .

Den " dimensioner " tilgang er et alternativ til en stærk psykiatrisk

tradition påvirket af udsigten til en medicinsk lidelse , som alle eller ingen :

noget en person enten har eller ikke har. På denne tilgang ,

bipolar lidelse, eller antisocial personlighedsforstyrrelse , er en kategori

ligesom fåresyge, med en klar ja - eller-nej svar på spørgsmålet om, hvorvidt

det er til stede . Dem med disse lidelser bebor separate kasser , sender

off fra variationer i "normale" mennesker . Det alternative synspunkt er

findes blandt mange psykologer . Vægten på " dimensioner

personlighed "antyder vi alle et eller andet sted langs et kontinuum mellem

for eksempel , følelsesmæssig stabilitet og manio- depression . På denne opfattelse ,

der er en vis vilkårlighed i cut- off point for psykiatrisk

lidelse.

Denne højde for kontrasten har skærpet det af nogle forenkling :

udelade de kvalifikationer, der bringer de to tilgange tættere på

hinanden. Men der er reelle forskelle i vægt . tilhængere af

de " kontinuum " opfattelse kan beskylde andre for at gøre psykiatrisk

patienter mere fremmede end de burde være . Tilhængere af "alt eller

ingen " opfattelse kan sige " kontinuum " tilgang underspiller

særpræg psykiatriske lidelser. Som i andre dele af

medicin , kan hver tilgang passe nogle lidelser bedre end andre.

Spørgsmål om den kategori af antisocial personlighedsforstyrrelse

tilbage. Er det et nyttigt kategori? Hvis det er , hvor langt er det "særskilt " som

mod et spørgsmål om at være yderligere langs forskellige former for kontinuum ?

Byggeriet af den defensive mur er blot én af de funktioner,

kan have særpræg . Men , idet denne funktion , hvis Ted Hughes havde ret,

forsvarsmuren er langt fra enestående for dem med denne diagnose.

Men selv om han har ret, kan de enten bygge sådan en mur mere

ofte , eller bygge en højere og mere befæstede én.

Disse ting, som vi endnu ikke kender forlade spørgsmålet om status

af kategorien af antisocial personlighedsforstyrrelse op i luften. den

interviews antyder, at der er psykologiske klynger at mange af dem

har til fælles , mere end blandt folk i almindelighed. Hvis dette er sandt

af de fleste mennesker med diagnosen , tyder den kategori gør har noget til det. Men jeg kom også væk med det indtryk, at

tænke for meget i forhold til den diagnose , med alle de foreninger

afledt af Cleckley tradition , kan komme i vejen for at tale med

dem , for at høre, hvad de siger, og for at se dem som de mennesker, de

er.

KAPITEL FEM : SHAKESPEARE KOMMER TIL BROADMOOR .

HAMLET : Jeg har hørt, at skyldige skabninger på et skuespil

Har den meget snedige af scenen

Blevet ramt så at sjælen ...

... Stykket er den ting

Hvori jeg vil fange samvittighed kongen.

Opgaven med at hjælpe denne gruppe af mennesker indeholder eller vokser fra deres

voldsomme impulser er kompleks. De fleste af dem er mennesker, hvis moralske og

følelsesmæssig vækst er hæmmet . I stor udstrækning på eget

konto , var det, fordi de var børn , der ikke var elsket . meget

af skaderne kan ikke fortrydes . Intet vil bringe tilbage mennesker

nogle af dem dræbt. Intet vil fjerne den fysiske eller psykiske

ar tilbage på dem, de angreb eller voldtaget. Og for sig selv,

intet vil udslette den barndom afvisning , efterfulgt af samfundets

afstødning efter deres forbrydelse , eller det faktum, at så meget af deres liv

er blevet brugt i fangenskab .

1. . Genoplive og pleje moralske og følelsesmæssige vækst.

Men måske nogle af de forkrøblede psykologisk vækst kan genoplives .

De forkrøblede dele omfatter empati og sympati. Også forkrøblede er

evne til at bevæge sig fra overfladiskhed til dybde. Der er behov for

Eksempelvis at udvikle respekt for andre mennesker, der går ud over

lade kvinder gennem døren første og andre konventionelle

høflighed . De har også brug for hjælp med at opbygge en sammenhængende moralsk

identitet , vil en følelse af , hvem de er , at sætte dem i stand til at leve

udenfor i verden, og til at leve i fred med sig selv.

Nogle af disse former for vækst hænger sammen, hvis det er rigtigt , at "andre

folk ikke er meget reel for dem " er bundet op med" ikke at være meget

virkelig for sig selv " . Måske empati, sympati og respekt for andre

læres i barndommen gennem gengældelse : gennem sig selv

bliver vist empati, sympati og respekt. Og bliver vist disse samme

tingene kan være vigtigt for væksten af en følelse af moralsk identitet

og den tilhørende flytte fra overfladiskhed til noget dybere.

Disse formodninger foreslå to tilgange . Den ene er at forsøge at trække

dybere følelsesmæssige reaktioner , som også kan stimulere dem til at reflektere

på sig selv og på deres værdier. Det betyder at nå dybt inde

dem , og der kan være et spørgsmål om, hvorvidt de resultater berettiger

eventuel nød involveret. Den anden , beslægtet , strategi er at

hjælpe dem med at engagere sig i parforhold , der trækker ud gensidige følelsesmæssige

reaktioner og gensidig respekt. Begge metoder kan trække på noget

meget forskellig fra udstationering ofte tænkt passende

fagfolk.

" Forsøger at genoplive " , snarere end blot " genoplive " deres følelsesmæssige

vækst, fordi succes kan være ret begrænset. Måske kapacitet kan

atrofi når følsomme perioder for deres udvikling har været savnet ?

Små børn kan hente et nyt sprog med en perfekt accent,

voksne som regel finde meget svært eller umuligt . Er der lignende nøgle

tidlige perioder for dele af følelsesmæssige og moralske udvikling ? Hvis ja

måske er det for sent at gøre godt alle der er blevet tabt . Men lige

som voksne stadig kan lære sprog , kan følelsesmæssige sene startere gøre

noget at indhente . Den eneste måde at finde ud af , er at prøve .

2. . De "betalte venner" PROBLEM .

Hvad er involveret i at hjælpe dem indgå i relationer? Et spørgsmål

er om dem, der ville give denne hjælp. Hvem ville de være? hvordan ville

de sætter om det, og i hvilken sammenhæng ? Ville de være " betalt venner " ,

med manipulation og manglende ægthed , der indebærer ? denne tvivl

er ikke marginal , og måske ingen strategi eller teknik vil helt

komme udenom. Men at eksperimentere med forskellige " ikke-standard "

psykiatriske metoder kan indikere , hvor langt hver enkelt lykkes eller mislykkes .

Nogle tilgange , når " ikke-standard ", såsom kunstterapi og drama

terapi, er nu en synlig del af mainstream. Selv om der er en

element i den betalte ven om drama terapeut , kan der stadig

være reelle fordele . Peter Brook, i det tomme rum , beklager , at for

mange mennesker , teater og andre kunstarter er ikke en nødvendighed, men en

ekstraudstyr. Han kontrast dette med de behov, psykiatriske

indlagte patienter undertiden mødt med drama terapi. Temaer foreslået af

patienter , dramatiseret med hjælp fra terapeuten kan trække både

dem, der handler , og dem, der ser ind i at diskutere emner, de alle

aktie. Tager ingen mening om, hvorvidt det hjælper at behandle psykisk lidelse ,

Brook siger den delte erfaring lidt ændrer, hvordan de kommer videre med

hinanden. "Når de forlader lokalet , er de ikke helt det samme som når de kom ind . Hvis det, der er sket har været shatteringly

ubehageligt, er de styrket i samme grad , som hvis der havde

været store udbrud af latter ... simpelthen , nogle deltagere er

midlertidigt , lidt , mere levende . " (Henvisning til den tomme plads ,

SIDER 148-150 .)

Den tilgang, der skal beskrives her er ikke normal drama terapi. det er

giver patienterne mulighed for at se kraftigt handlet spiller , der går dybt

ind i ting, der har formørket deres eget liv.

3. . AFSPILNING Shakespeare in BROADMOOR .

Frem for alt , vi henvender os til den dæmpede orgel, fantasi.

Det er ligesom lægens kunst eller kurtisane er. Lægen kan ikke elske

hver patient , kan kurtisane ikke elsker hver klient. Det er almindeligt

menneskeheden, der holder dig i gang . I denne forstand har hver skuespiller underskrevet

en uskreven hippokratiske ed .

Simon Callow : At være skuespiller .

Mere end et årti før interviewene i Broadmoor er beskrevet i

denne bog, sygehuset vært for en bemærkelsesværdig række teatralske

forestillinger . Mellem 1989 og 1991 , Royal Shakespeare Company,

Det Kongelige Teater og andre grupper tog til Broadmoor nogle af

Shakespeares tragedier : King Lear , Hamlet , foranstaltning for foranstaltning og

Romeo og Julie . Fordi så mange af dem, begrænset i Broadmoor ophold

der i lang tid, er det sandsynligt, at nogle af de mennesker, jeg interviewede

var i publikum. Selv hvis ikke, vil publikum have inkluderet

folk der ligner dem , hvis værdier og historie , jeg har forsøgt at

skitse . Disse forestillinger, og deres modtagelse, foreslå nogle utraditionelle tilgange til at pleje moralske og følelsesmæssige vækst.

Dette kapitel titel er lånt fra titlen på Murray Cox '

slående bog Shakespeare kommer til Broadmoor . (I dette kapitel trækker jeg

enormt på denne bog , såvel som på sin anden bog Shakespeare som

Sufflør .) Murray Cox var en Konsulent Psykoterapeut på Broadmoor .

Han havde trukket sig tilbage nogle år før jeg gik der for interviewene , men

folk der arbejder undertiden stadig lyser op på omtalen af hans

navngive .

Mark Rylance mødte Murray Cox på et symposium i Stratford. han var

i øjeblikket spiller Hamlet , og over en kop kaffe , foreslog han, at " det ville

være godt, hvis vi kunne bringe Hamlet til Broadmoor " . Så Hamlet blev

første i serien af teaterstykker udføres på hospitalet. næsten en

fjerdedel af patienterne anvendte til at deltage. Trods beslutningen om ikke at

risikerer psykiske skader til patienter, der kan være alt for sårbare,

ingen af dem, der anvendes, blev udelukket. Publikum også inkluderet

nogle af de sygeplejersker og andet personale. Efter forestillingen støbte og

publikum blandet og talte sammen. Et par måneder efter Hamlet

kom Romeo og Julie, der skal følges af Measure for Measure og

endelig Kong Lear . Efter at den endelige ydelse nogle af publikum

har valgt at bo på en workshop, hvor de delte deres erfaringer

med skuespillerne .

4. . NÅR inderst inde.

GERTRUDE : Du turns't mine øjne ind i min sjæl .

Både psykiatere og skuespillere vidner til den måde, de spiller, nogle gange

nået dybt inde patienterne.

Rob Ferris , en konsulent retspsykiater , sagde, at

psykiatrisk forsøg på at hjælpe patienterne får indsigt i deres

voldelige handlinger ofte mislykkes. Men "Hvad der slår mig er magt

teater, magt ydeevne for at få dem til at nærme sig dem ,

til at kommunikere med dem. " Han sagde, at års behandling undertiden

har lidt indlysende fordel , " Men i en enkelt eftermiddag Jeg kan mærke

magt at performance til at nå dem , og deres evne til at

reagere. "

Skuespillerne var til tider opmærksomme på den særlige emotionelle ladning givet

til lejligheden blot ved sin væren i Broadmoor . Brian Cox, som

spillet King Lear , givet udtryk for dette :

Lear var uslebne produktion fra starten , og dens liv afhang af

sit publikum. Hvis det var en død publikum , det var en død ydeevne

fordi vi ikke kunne genoplive noget, der ikke var der. vi

kunne ikke give liv til noget, der ikke var der. I Broadmoor du

havde ikke dette problem, fordi hele arrangementet er teatralsk . til

spille til en flok af de psykiatriske patienter er en teatralsk ting at gøre.

Skuespillerne egen fornemmelse for, hvad der er der i skuespillene undertiden gav

dem ideer om, hvad deres præstationer kunne bringe til patienterne.

Brian Cox afspejles på Kong Lear :

Det handler om døden , det handler om at acceptere din ende , acceptere, at i min

Begyndelsen er min ende ; at du høster, hvad du sår , medmindre du gør

ændrer hurtigt og gøre det godt igen i form af dig selv . Faktisk er det

om at finde vores egen fred , som det må være for disse tragiske mennesker

på Broadmoor .

En patient havde et svar, der kom meget tæt på dette håb :

Når Lear døde følte jeg en overvældende følelse af tab , og tårer ridning

ned ad mine kinder . Jeg desperat ønskede at gå over og kramme Lear lig.

Jeg følte følelsen af forening i døden mellem Lear og hans døtre .

Også følelse af fred og helhed i dødsfald ...

Stykkerne var runge med patienternes bevidsthed om deres

situation og deres egen historie. Brian Cox bemærkede nogle svar til

Lear :

Da jeg sagde, " Er der nogen årsag i naturen, der gør disse hårde

hjerter ? " en pige desværre rystede på hovedet fra side til side i en meget

smertefulde måde .

I den gale scene , publikum lo, med en særlig kvalitet til

det, som var ganske spændende . Det var den linje , der begynder : "Hvad !

Ar't gal? En mand kan se, hvordan denne verden går med ingen øjne ... Ingen gør

fornærme , ingen siger jeg , ingen. " Og det var ekstraordinært , da jeg sagde , at

linje.

Da jeg sagde, " Oh lad mig ikke være gal " , den måde sætningen genlød

rundt i lokalet var ekstraordinært ...

Patienterne selv talte om de links, de lavet med deres eget liv :

Hamlet , kan personen også have været min mor , bror, søster og

bare en ven , og hvordan de følte ved at lære, at jeg , deres

bror havde gjort, hvad jeg havde gjort , så det har en masse af mening ... Jeg

håber du forstår dette.

Gjorde at gøre disse links stimulere refleksion over sig selv? A

konsulent fortalte Brian Cox , at mere end én patient af hendes sagde ting i stil med , "Jeg har så misunder evne Cordelia og

hendes far til at have et farvel ... det gjorde mig synes om min egen

situation, især før jeg myrdede mine forældre. "

Og nogle kommentarer fra deltagerne foreslog tanker dybere og mere alvorlig

end den lavvandede konventionalitet og kommandoen moral mærkbar

i nogle af de " sokratiske " interview:

En af kniv scenerne mindede mig om en episode, hvor jeg truede

en ex - kæreste , og det bragte hjem til mig frygt hun følte ... simpelthen

fordi jeg følte bange ser det samme. Det er også bragt hjem til mig

hvordan vi sammensatte vores elendighed gennem vores egne destruktive følelser af

bitterhed og hævn ... Hvis bare vi kunne lære ikke at handle på

impulsive drifter hævn ville vi så mindske mængden af tragedier

i dette samfund .

. 5 aktører og målgruppe: at give noget tilbage .

For at spille på en stor og sympatisk publikum er ligesom at synge i et rum

med perfekt akustik. Publikum udgør den åndelige

akustik til os . De giver tilbage, hvad de modtager fra os som levende,

menneskelige følelser .

Constantin Stanislavski : En aktør Forbereder .

Et forhold gjorde begynde at udvikle mellem aktører og publikum.

Nogle gange er tingene skete, da de var bare mingling før eller efter

stykket. Georgien Slowe (der spillede Juliet) mærke til, hvad der skete, da

én patient tilbydes Jenny, der blev spillet på sygeplejerske, en kop kaffe :

Hun vendte fraværende målrettet og strøg ham på armen : "Nej tak,

Darling " . Jeg var bag ser manden , og det var hans udtryk

, der slog mig , da denne dejlige mødres kvinde strøg ham og kaldte

ham " skat " i en fraværende minded måde ; det var bare en vidunderlig

ekspression. I det øjeblik slog det mig, at han havde haft Jenny som hans

mor , kunne han aldrig har været derinde ; Hele sit liv har måske

været meget forskellige.

Efter en præstation Ron Daniels, der instruerede Hamlet , fik at vide af en

patienten, at dette ikke var , hvordan Shakespeare var normalt gjort:

"Nej, jeg ved det ikke ," sagde jeg, " men det er baseret på en central idé om

en af min familie, som havde skizofreni og der dræbte sig selv ved

23 år ". Denne patient , denne mand lagde armene omkring mig og omfavnede

mig og sagde " det vil være okay ." Han ledte efter min smerte , og jeg

tænkt over, hvad der skete her var ikke bare os at give , det var os

modtager så godt.

Men først og fremmest forholdet kom fra at dele oplevelsen af

spiller , at så meget genklang hos livet for patienterne. Brian Cox

findes ved at spille Lear lettere i Broadmoor end andre steder :

Det var den mest frigive præstation , som jeg nogensinde har haft, fordi det

pludselig havde et punkt til det. Fordi jeg pludselig følte , at jeg gjorde

det til en flok mennesker , der rent faktisk forstod, hvad Lear smerte var

om ... De vidste , fordi deres fantasi var så akut .

Forestillingerne gav patienter sjældne mulighed for

gensidighed , for at give noget tilbage til skuespillerne , som aktørerne i

dreje værdsat. Clare Higgins , der spillede Gertrude , udtrykt dette :

... Publikum reagerede på en måde, som jeg længes efter publikum til

reagere - i en følelse måde og i en meget åben måde . Da vi kom hen imod slutningen af stykket , jeg plukket op følelser fra publikum, at jeg

aldrig normalt afhente i teatret. De har simpelthen syntes villige til at

krydser scenen linje, og at være en del af stykket : der var en masse af

sorg i rummet , og sorg og beklagelse , og de syntes at være

skubbe spille til sin konklusion med os. Jeg fandt det ekstraordinære,

fordi jeg ikke tror, at mange mennesker i dette rum var intim med

spille, eller vidste, hvordan det ville ende . Men de syntes bare at rulle

med det, med os, til det sidste. Det var en smuk følelse . Jeg har aldrig

havde der med et publikum før - at vi alle sammen var at se

stykket igennem.

Mark Rylance talte om sin egen reaktion på en Tilråb under

Ophelia begravelse , en reaktion , hvor skuespiller og Hamlet flettes :

Der var en fantastisk øjeblik, da jeg sagde til Laertes , "Jeg elskede Ophelia .

Fyrre tusinde brødre kunne ikke med al deres mængde af kærlighed gør

min sum ". Og en af de patienter, der stod frem og sagde , " Jeg tror

dig ". Mit hjerte virkelig kvalt op og tårer oversvømmet ind i mine øjne , og jeg

tænkte -Oh jeg virkelig havde brug for nogen til at sige, at ... Jeg var ikke klar over , hvordan

meget jeg havde brug for at blive troet. " ... Jeg følte ja , kun en som dig

ville forstå . Måske er en del af , hvorfor jeg ønskede at gå - eller

Hamlet i mig ønskede at gå ; en fornemmelse af, at folk ville forstå.

Samt dette give tilbage , var der også nogle gensidig respekt. Mark

Rylance , som spillede Hamlet , håbede, at selve det forhold skuespillerne havde

kommer måske sende et signal :

Jeg forestiller mig, det var noget i sig selv bare for at føle , at vi kom og

gav den ydeevne til dem. Hvis jeg var et sted som dette, og

nogen kom og gjorde det for mig, ville jeg føle, at der måske var

noget godt i mennesker , eller at de troede, at jeg var det værd.

En patient sagde den fælles oplevelse førte til venskab :

Skuespillere og skuespillerinder kom her som ukendte mennesker og efterlade firma

venner . Grunden til dette ... er, at vi deler en intimitet og enhed

der aldrig kan opleves andre steder.

At have dræbt og misbrugt os selv, vi er i stand til at forstå

vanvid og vold ... i Shakespeares tragedier , fordi det er tæt

til vores hjerte. Vi behøver ikke at gætte, hvad det [er] lide at dræbe, lemlæste ,

og føler absolut fortvivlelse . De fleste af os har været der selv .

6. . Bekymre sig om inauthenticity .

Hvad med de " betalte venner " spørgsmål nævnt tidligere ? er der

noget manipulerende eller uægte om bevidst brug af en

udførelsen af en Shakespeare spille for at nå tingene dybt inde i

patienter ? Den følelsesmæssige gensidighed og gensidig respekt , der begyndte at

vokser ud af deling af dyb erfaring tæller imod dette.

På forhånd nogle af skuespillerne gjorde bekymre sig om at være manipulerende eller

nedladende . Mark Rylance givet udtryk for dette :

Jeg var meget bange for, at jeg ville være nedladende dem ... Du ved , de

ville tænke , ja, der er disse aktører kommer her foregiver at være

gal eller foregiver at myrde eller at voldtage og at komme ind i dette sted

hvor jeg faktisk har været, og hvor jeg faktisk har lidt alt dette

smerte på grund af at være der. Fik jeg pludselig meget bange for , hvad

Jeg gjorde. Hvad ret havde jeg til at komme her og skildre ting som

dette til folk, der måske havde oplevet disse ting i deres

liv ?

Men denne bevidsthed selv lavet til autenticitet :

... At følelsen er som en ild, der brændte væk overskydende af ego og alle

de tricks , du ville stole på , og jeg følte bare jeg er nødt til at være helt

ærlige her . The Hamlet skal være absolut syre, ærlig ... Det var en af

disse vidunderlige øjeblikke, som jeg jage efter al den tid , når du

føler du er en dirigent og noget kommer gennem dig , snarere

end du gør noget. Og jeg følte ikke, at jeg havde spillet

side overhovedet . Jeg følte, at de spillede det . Noget kollektiv kom igennem

mig , gennem ordene . Der var meget lidt "at gøre" ; det "at gøre" fik

brændt væk, og der var mere væsen ...

På et tidspunkt talte han ordene " Foul gerninger vil stige , selv om alle de

jord o'erwhelm dem , at mænds øjne " :

Jeg sagde denne linie til en mand, som jeg ikke kender, men som havde kigget på mig

med en sådan klarhed , med intet andet end en absolut lige blik. det

blot følte straks , som hvis der var en meget følsom gruppe af mennesker

der , at man måtte træde varsomt og ikke misbrug , ikke tage

fordel , bare give dem det så enkelt som man kunne.

Meget af det samme tanke inspirerede Rebecca Saire spillestil af Ophelia :

Normalt en del af mig står til den ene side , at dømme mig og

publikums reaktion på , hvad jeg gør . Hos Broadmoor , fandt jeg, at

observatørens del af mig suget igen Konfronteret med så meget sandhed i

respekt for de mennesker , vi udfører foran , ubevidst I

indså jeg havde brug for 100 % af min egen sandhed at besvare dem. Det var som om jeg

spillede Ophelia for første gang .

7. . Hjælpe folk FJERN skyklapper og gøre nogle revner i væggen.

Stemmerne citeret her, er kun et par fra et publikum , der indeholder

næsten en fjerdedel af Broadmoor patienter. Så der er også sandsynligt, at

har været nogle, der reagerede mindre.

Der er en hel psykologi venter på at blive kortlagt , hvorfor nogle mennesker

der har gjort forfærdelige ting er mere tilgængelig end andre. i sin

selvbiografi ude af mig selv , Antony Sher beskriver taler med to

mordere , løsladt efter fængsel, som en del af forberedelserne til at spille

Macbeth . En (" Mark "), havde været en gambling narkoman og dræbte hans bedste

ven snarere end indrømme, at han havde gamblet pengene til el

regningen. Han var følsom på en måde , der antydede "ingen ydre lag af

hud " , rå , rysten, nervøs , hjemsøgt af sin forbrydelse , og som så

selv bagefter som " Alone . Nøgen i verden. Altid. "Den anden

(" Jimmy ") var " en Glaswegian hård mand , opdraget på kriminalitet". han havde

dræbte en mistænkt informant .»Hvis Jimmy ikke var blevet fanget , fornemmer

ville han ikke have givet det en tanke. "han næppe husker sin

kriminalitet, men ikke fordrage alt om fængsel. De har hver kom for at se

Macbeth . Mark kunne ikke lide det og ønskede Macbeth selv havde været mere

heroisk . Jimmy gik efter stykket siger ingenting . Antony Sher

skrev: " Jeg frygter det værste igen. Så får jeg et brev. i snublende

sætninger siger han gentagne gange hvordan flyttede han var. "(SHER , Pages 336-559 .)

Det kan synes mærkeligt, at stykket nået, ikke den rå følsomme mand

uden ydre hud , men hård mand . Måske hårdhed er

defensive mur , og Shakespeares tragedier sommetider nå

sårbar person, peering gennem spalterne ?

Lydhør stemmer efter forestillinger Broadmoor er varierede

nok til at vise , at nogle patienter har "give tilbage, hvad de modtager

fra os som levende menneskelige følelser . " Det er svært ikke at se tegn på

genoplivet følelsesmæssig vækst på den måde spiller nås inde i dem til

fremkalde følelser og refleksioner , og i , hvad publikum gav tilbage til

aktørerne.

Projektet var en ny model for hvordan man kan hjælpe mennesker, hvis verden var

skimtede i " sokratiske " interviews. At verden er indespærre . de

er låst fast i en smal og stiv moral gengældelse , konvention

og autoritet. Fremtrædende i deres verden er følelsesmæssigt afvisning , mangel

anerkendelse , skyklapper og forsvarsmuren. Shakespeare

forestillinger kan have begyndt at nå " den dæmpes orgel,

fantasi . " Måske gjorde de indespærring lidt mindre undertrykkende

og lidt lettere at undslippe.

Men modellen har åbenlyse begrænsninger. Ikke alle psykiatriske hospital

kan trække på skuespillere , og slet ikke af denne kvalitet. og hvad

sker, når de er gået ? Fire spiller kan bidrage , men

det ville være vild optimisme at tro, at der er nok til at slå nogens liv

runde , selv når de spiller, er af Shakespeare og bliver fulgt af

bedste fagfolk . Projektet er citeret her som særligt

imponerende , men stadig som én blandt andre , ikke som en tryllestav .

Der er behov for mange ikke-standard tilgange til at genoplive moralsk og

følelsesmæssig vækst. De fleste af dem vil ikke have alle , der gjorde det

Shakespeare projekt til en succes . Men det er værd at nævne nogle af de vigtigste

funktioner. Skuespillerne viste respekt for patienterne ved deres villighed til at udføre dem. Aktører og publikum diskuterede

spiller på lige vilkår , hvilket for nogle gensidighed. Ikke alt var

organiseret. Kontakt i løse stumper af uplanlagt tid ført til nogle af de

bedste øjeblikke : skuespilleren sige "nej tak , min skat ", som hun strøg

patientens arm , og patientens knus da Ron Daniels nævnte

hans søn . (Erving Goffman , i asyler , sagde, at " vores status bakkes

af de faste bygninger i verden, mens vores følelse af personlig

identitet ofte bosat i revner " .)

Måske to ting tælles mest . Valget af Shakespeares

tragedier , ikke lysere og mindre relevante skuespil , betød at gå dybt. og

det gjaldt at patienterne haft mulighed for at give noget tilbage .

Det bør være muligt at opfinde andre projekter , der går dybt. og

gensidighed må være for muligt. Ted Hughes kan være rigtigt , at de fleste

af os peer gennem spalterne i vores forsvar . Hvis ja, måske de

os og dem af os uden " antisocial personlighedsforstyrrelse " kan

hjælpe hinanden smadre huller gennem den defensive vægge .

www.ingramcontent.com/pod-product-compliance
Lightning Source LLC
Chambersburg PA
CBHW060636290526
45793CB00001B/273